JN033182

スイーツ も 料理 も。

グルテンフリーで
おいしいを叶える

米粉のレシピ帖

管理栄養士

鈴鹿梅子

Introduction

はじめに

もともとは大のパン好き。
管理栄養士として働いたあと、念願のパン教室
にも通っていて、いつかはパン教室を開きたいと
思っていました。

そして2016年、たまたま出会った1冊の本。

その本ではじめてグルテンフリーという食事法を
知りました。
本に書いてある通り、試しに2週間だけ。それな
らできるかもと、小麦粉を一切とらない生活をし
てみました。すると、2週間もたたないうちに、そ
れまで週に2、3回あった頭痛が消え、便秘も解
消され、確実に体の調子がよくなっていく実感が
ありました。
私の体質には小麦粉が合っていなかったのかも
しれない……。
そのまま思い切って小麦粉を食べない生活に。
でもしばらくすると、やっぱりたまにはお菓子や

グルテンフリーで小麦粉を超える
おいしい米粉レシピを！

パンも楽しみたいと思うように。そこで、小麦粉の代わりになる食材として『米粉』を使って、以前小麦粉を食べていたような感覚でおいしく食べられるようなお菓子やパンを自分で作ってみようと考えました。

いざ『米粉』で作ってみようと思ってネットでレシピを検索してみても、当時はほとんどなくて、作ろうと思ったら自分でレシピから考える必要がありました。そこで、自分で何度も試作を重ねてレシピを考え、米粉のお菓子作りを楽しみながら、その魅力にすっかりはまってしまいました。

『米粉』のよいところは、味にクセがなく、どんなお菓子や料理にも使いやすいところ。そして、あとのページで詳しく紹介しますが、米粉のほうが作るのが簡単だったり、栄養価が高かったりと、小麦粉に比べてさまざまな利点もあります。
この本には、私が試行錯誤して完成させた「これが米粉なの？」と米粉で作ったとはわからないほど、むしろ小麦粉を超えるようなおいしいスイーツと料理のレシピを詰め込みました。
米粉がはじめての人にも、「米粉で作ると失敗しそう」とか、「おいしくないかも」と思っていた人にもぜひ試していただいて、『米粉』の可能性を感じていただけたら幸いです。

最後に、お米は輸入に頼らず自国で自給できる食料自給率ほぼ100％の食材です。個人的な考えになりますが、そんなお米から作られる『米粉』をお菓子にも料理にも、もっともっと活用してもらって、今よりも少しでもお米の消費量が増えて、日本の田んぼが守られたら嬉しいなとも思っております。

管理栄養士
鈴鹿梅子

目次

Part 1

米粉でかんたん絶品スイーツ

Part 2

Meals

米粉でお食事レシピ

Staff

デザイン　千葉佳子 (kasi)

撮影　松元絵里子

スタイリング　宮田桃子

編集協力・文　岡井美絹子

DTP　八文字則子

校正　田中美穂

調理補助　津奈木けさ代

編集　宇並江里子 (KADOKAWA)

かんたん、ヘルシー、おいしい！
米粉の魅力はこんなにたくさん！

「米粉って何がいいの？」という方はもちろん、小麦粉でしかお菓子作りや料理を
したことがない方にも、ぜひ知ってほしい米粉の6つの魅力をご紹介します。

1

難しいテクニックが不要で簡単！
誰でも上手に作れます

小麦粉の場合は、水分と混ぜすぎるとグルテンが出てしまい、生地が膨らまないなどの失敗がありますが、米粉ならその心配はありません。米粉は小麦粉と違ってグルテンが含まれないので、ぐるぐる混ぜてもOK！　混ぜる回数や混ぜ方を気にする必要もありません。難しいテクニックはいらないので、お菓子作り初心者にも向いている素材です。

2

油を吸いにくいから
揚げ物もヘルシー！

米粉は油を吸収しにくいという特徴があります。農林水産省の資料によると、揚げ衣の吸油率は、小麦粉が38％に対して米粉は21％※と約半分。吸収する油の量が少ないのでカロリーダウンにもつながります。しかも、冷めても衣がべちゃっとせずにカリッと感が長持ちするので、お弁当のおかずにも最適。おなじみのドーナツもさっくり軽やかなので、新しいおいしさを楽しめます。

3

米粉はふるわなくていいから
お菓子作りがラクに！

米粉は、小麦粉を使ったお菓子作りで必須だった、"ふるう"作業をしなくていいのが魅力的。小麦粉よりも粒子が細かく、ふるいにかけなくてもダマになりにくいため、そのままボウルに入れて作りはじめられます。面倒だったふるう作業が必要ないので、手間も洗い物も減るのがうれしいポイントです。さらに、米粉は水に溶けやすいので、洗う作業もラクチン！

4

ふわふわ、サクサク、しっとり…。
いろんな食感が楽しめます

食感は、味と同じくらいおいしさを左右する大事なポイント。米粉というと、上新粉で作ったおもちのようなどっしりしたイメージがあるかもしれませんが、実はメニューによってさまざまな食感が楽しめます。カスタードクリームのとろ〜り感、シフォンケーキのふんわり感、スコーンのサクサク感、パウンドケーキのしっとり感など、小麦粉以上の仕上がりかも!?

5

国産品だから、安心・安全で
体にもやさしいグルテンフリー

約9割を外国から輸入している小麦粉に対し、米粉のほとんどが国産米から作られています。外国産の小麦粉の場合、収穫後に散布される防カビ剤や殺菌剤などの薬剤＝ポストハーベスト農薬の問題があります。その点、国産の米粉なら心配はありません。また、グルテンが合わない体質の方が諦めていたケーキなども、米粉を使ったレシピならグルテンフリーなので、安心して楽しめます（グルテンフリーについて詳しくはP10参照）。

6

お米と同じく
栄養バランス抜群！

米粉は、良質なタンパク質や糖質、ミネラル、食物繊維など、体に必要な栄養素がバランスよく含まれている優等生です。さらに、アミノ酸スコア（食べ物に含まれるタンパク質の量と必須アミノ酸がバランスよく含まれているかを評価する指標で、100に近いほど理想的）が優秀で、小麦が41に対して、米は65※と高いスコアをマークしています。

※農林水産省「米粉をめぐる状況について（令和5年1月）」より

米粉について

米粉とは、その名の通りお米を製粉したものです。しかし、米粉といっても実はさまざまな種類があり、小麦粉と比べて製品によって性質や使い方もさまざまです。米粉のレシピに初めて挑戦する方はもちろん、米粉を使ったことがある人も、知っておきたい米粉の基礎知識をご紹介します。

米粉ってどんな粉？

もともと和菓子で使われてきた、うるち米から作られる上新粉や、もち米から作られる白玉粉なども米粉の仲間です。しかし、昔ながらの和菓子用の米粉は、かなり粒子が粗くて膨らみにくく、ふんわりさせたいケーキなどの洋菓子には不向きでした。
そこで、特殊な製法や改良により、小麦粉よりも細かい粒子の米粉が開発され、ケーキなどの洋菓子作りに使用しても、生地がふっくら膨らむようになり、使い勝手のよさもあって注目されるようになりました。
今では小麦粉に代わる粉として、さまざまなお菓子やパン、料理に広く使われています。

さまざまな米粉について

スーパーやネットショップではさまざまな米粉を見かけます。
ひとことに米粉といっても、製粉メーカーによって独自のノウハウがあるため、作られる米粉の特性が製品によって違ってきます。右の写真の米粉たちも、パン用米粉、お菓子作りに向くもの、料理におすすめのものなど、種類や特徴はさまざま。それぞれP9で紹介する吸水量も違います。
大切なのは、どれかに優劣をつけるわけではなく、作るものによって適切な米粉を使うことです。米粉それぞれの個性を理解して、米粉のお菓子や料理作りを楽しんでください。

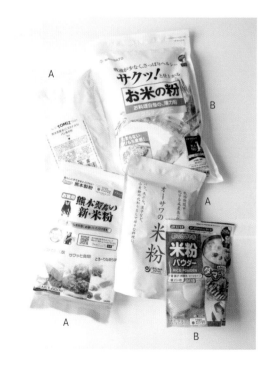

この本で使った米粉について

この本のレシピで使用する米粉を紹介します。掲載のレシピはこの米粉の性質に合わせてありますのでほかの米粉だとうまくでき上がらない可能性があります。まずはこちらの米粉を使用して作ることをおすすめします。

共立食品　米の粉

新潟県産の米を使った米粉です。小麦粉よりも細かい超微粒子の粉なので、ダマになりにくく、きめの細かい生地に仕上がります。なめらかな口溶けが魅力で、ふんわり仕上げたいケーキ生地にもぴったり。お菓子から料理まで幅広く使えるオールマイティさで人気です。

米粉の吸水量はこんなに違う！

「レシピ通りに作ったのに、かたくなっておいしくなかった」という原因の一つに、米粉の"吸水量の違い"があります。米粉は見た目が同じでも、米の品種や製法、粒子の大きさが異なるので、レシピの向き不向きがあります。ここでは、米粉の吸水量を調べ、性質の違いを可視化してみましょう。

米粉の吸水量を見てみよう

「吸水率が低いタイプ」と「高いタイプ」、それぞれの米粉と水を同量で溶けました。
同じ分量なのに、これほど違います。

A.
吸水率が低い米粉

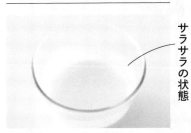

サラサラの状態

サラサラになるのは、少量の水でもなめらかになる、吸水率が低い米粉だからこそ。ふんわり、さっくり、軽やかな生地に仕上がるので、お菓子全般、料理にもおすすめです。この本で使用した米粉はこちらのタイプ。

B.
吸水率が高い米粉

ダマダマの状態

ダマダマになるのは、吸水率が高い米粉のサインです。なめらかな状態にするためにはもっと水分を加える必要があり、どっしりした生地に仕上がります。料理や、サクサク、ざくざくとした重たい食感を楽しみたいときに向いています。

グルテンフリーについて

近年注目されている"グルテンフリー"。小麦などに含まれるグルテンを摂取しない食事法のことで、健康意識の高い人たちの間で話題になっています。普段、原因不明の体調不良に悩まされている人は、もしかするとこのグルテンが合わない体質なのかもしれません。ここではグルテンフリーの基礎知識やメリットなどについてお話しします。

そもそもグルテンって何？

グルテンとは、小麦粉に含まれる"グルテニン"と"グリアジン"という2種類のタンパク質に、水を加えてこねることで作られる物質です。パンやうどんなどの小麦粉製品が、もちもちした食感になったり、膨らんだりするのは、このグルテンの働きによるものです。
しかし、グルテンを含む食品はおいしい反面、人によってはグルテンが食欲増加の原因になったり、グルテン依存を引き起こしたりと、体に悪影響を及ぼす可能性も指摘されています。

グルテンフリーとは？

グルテンフリーは文字通り、グルテンを含まないという意味で、パンやパスタなどの小麦のグルテンを含む食品を食べないようにする食生活のことです。
もともとは、グルテンが原因で異常な免疫反応が引き起こされるセリアック病の改善を目的として生まれた食事療法でしたが、現在では健康志向の高い人たちも実践しています。
私自身も6〜7年から、完全に小麦粉をとらないわけではないのですが、ゆるめにグルテンフリーを取り入れています。基本的にお米がメインの食事にして、小麦粉で作ったうどんやパスタは食べないけれど、小麦が使われていますが、しょうゆやオイスターソースなどの調味料はOKにしています。

グルテンフリーのメリットは

グルテンが原因による体調不良は、グルテンフリーの食生活を実践することで、体質改善を期待できる場合もあります。疲れにくくなる、お腹の張り、下痢や便秘のトラブルが改善するといった体質面での健康効果のほか、集中力が高まるなどメンタル面でのいい影響があると言われています。

グルテンフリーで気をつけること

グルテンフリー＝パンやパスタなどの小麦を避ければOK、というわけでありません。実は調味料も、穀物酢だと小麦が使われている可能性がありますし、よく使うしょうゆやオイスターソースにも含まれます。ただし、しょうゆは醸造時にグルテンがなくなるという説もあります。そのほか、小麦以外の麦を使用した食品でも、工場ラインでの製造過程で小麦が混入する(コンタミネーション)可能性や、大麦やライ麦など麦類に含まれるグルテンに似たタンパク質による交差抗原性 (タンパク質の構造が似ている場合、原因食物以外でも症状が誘発されること) を引き起こすことも。どこまで厳密にグルテンフリーを実践するかは個人の体質によると思うので、自分が無理なく取り入れられる範囲から行ってみてください。

この本の使い方

・材料のサイズと個数は目安です。
・オーブンは電気オーブンを基準にしています。ガスオーブンを使用する場合は、付属の説明書を参考にしてください。
・焼き時間と温度は目安です。オーブンにはそれぞれのクセがあり、同じ温度で同じ時間焼いても、焼き上がりに差が出ます。様子を見ながら調整してください。
・材料の溶き卵は「全卵」を溶いたものです。

Part 1

Sweets

米粉でかんたん
絶品スイーツ

本格的なシフォンケーキやパウンドケーキ、
おやつに頬張りたいドーナツやスコーンも、
全部、米粉で作れてしまいます。
しっとり、ふんわり、サクサク……
どれも感動モノのおいしさです。

サクサク生地、
もちもち生地が
作れます

ドーナツ

Donut

米粉のみで作るサクサク生地はオールド
ファッションに。もちもち生地のドーナツのポ
イントはタピオカ粉を加えること。どちらも米
粉のドーナツだから、油っぽさなし！ギルトフ
リーな軽やかなドーナツに仕上がります。

CHOCOLATE

PLANE

MATCHA

Old-fashioned donuts

ドーナツとは思えないほどサックサクで驚きの軽やかさなのは、
油を吸いにくい米粉だからなせるワザ。プレーン、抹茶、チョコと
アレンジも自在で簡単。揚げたてのおいしさを楽しめるのは、手
作りならではの特権です。

オールドファッションドーナツ

プレーン・抹茶・チョコ

材料（直径約8cm・各9個分）

プレーン

A｛
米粉 … 200g
ベーキングパウダー … 5g
スキムミルク … 5g

溶き卵 … 72g
きび砂糖 … 60g
無塩バター … 36g
揚げ油 … 適量

抹茶

A｛
米粉 … 190g
ベーキングパウダー … 5g
スキムミルク … 5g
抹茶パウダー … 10g

溶き卵 … 92g
きび砂糖 … 70g
無塩バター … 36g
揚げ油 … 適量

チョコ

A｛
米粉 … 180g
ベーキングパウダー … 5g
スキムミルク … 5g
ココアパウダー … 20g

溶き卵 … 84g
きび砂糖 … 60g
無塩バター … 36g
揚げ油 … 適量

準備
- バターは容器に入れて湯せんにかけ、溶かしバターにする。
- 抹茶 Aの抹茶パウダーはふるっておく。
- チョコ Aのココアパウダーはふるっておく。

 材料メモ

スキムミルク

牛乳から脂肪分を取り、乾燥させて作られた脱脂粉乳のこと。ここでは、香りづけのために使用していますが、ない場合は米粉に置き換えてください。

作り方

1.

ボウルにAを入れ、泡立て器で均一になるように混ぜ合わせる。

2.

別のボウルに、溶き卵と砂糖を入れ、泡立て器でよく混ぜ合わせる。砂糖が溶けたら、溶かしバターを加えてよく混ぜ合わせる。

3.

1に2を一気に加え、ゴムべらで混ぜ合わせて生地をまとめる。

4.

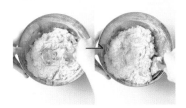

生地をゴムべらで押す、ボウルの側面からゴムべらを入れて生地を返す、の動きを繰り返して混ぜ合わせる。

5.

米粉に卵の水分がしっかりと吸い込まれて、粉っぽさがなくなればOK。＊ここからは途中で手を休めることなく**6〜9**まで進めてください。

6.

生地の全量を計り、9等分にして丸める。バットに並べて、乾燥しないようにラップをかける。

7.

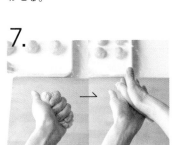

丸めた生地を手でにぎり、細長くする。両手で転がして棒状にする。

8.

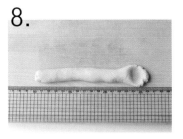

ある程度まで生地がのばせたら、台の上で転がして、15㎝くらいの長さにする。生地の片側を指で押して平らにする。

9.

8をリング状にして端を平らな部分で包み込む。

10.

生地の表面に、竹串でぐるりと浅めに線を入れる。

11.

揚げ油を160〜170℃に熱し、**10**を入れて3分を目安に揚げる。1分半〜2分揚げたら上下を返すとよい。両面こんがりしたら網じゃくし（箸だと割れる場合があるので注意）などですくい取り、油をきる。

デコレーションする場合は、チョコレートを50〜55℃の湯せんで溶かし、ドーナツの1/3くらいにチョコレートをつけ、オーブンシートの上にのせて乾かす。好みでホワイトチョコレートを40〜45℃で湯せんにかけて溶かし、目を描くとかわいい。

Chewy ring donuts

丸めた生地をリング状につなげて揚げます。外はカリッと、中はもっちり食感の秘密は、米粉に加えたタピオカ粉。きな粉をトッピングしたり、お好みの味で楽しんでください。

生地をそのまま丸めて1個ずつ揚げてもかわいい。

もっちりリングドーナツ

材料 (直径約8.5cm・5個分)

A {
米粉 … 75g
タピオカ粉 … 75g
ベーキングパウダー … 6g
きび砂糖 … 50g
塩 … ひとつまみ
}

充填豆腐 (または絹ごし豆腐) … 75g
プレーンヨーグルト … 30g
揚げ油 … 適量

トッピング
きび砂糖 … 適量
きな粉 … 適量

準備

・10cm角に切ったオーブンシートを
　5枚用意する。
・ヨーグルトはホエー (乳清) と
　よく混ぜておく。

作り方

1. ボウルに**A**を入れ、泡立て器で混ぜ合わせる。

2. **1**に豆腐を加え、スプーンでつぶしながら均一になるように混ぜ合わせる。

3. **2**にヨーグルトを加えて混ぜ合わせ、丸めやすいかたさになればOK。

4. **3**の生地を7gずつに丸め、オーブンシートの上で8個つなげてリング状にする（Point 1）。残りの生地も同様にする。

5. 160〜170℃に熱した揚げ油で、**4**をきつね色になるまで揚げる（Point 2）。網に上げて油をきる。

6. お好みでトッピングをする。**5**が熱いうちに、きび砂糖ときな粉を同量ずつ合わせたものをまぶす。

Point 1

揚げている途中でバラバラにならないように、隣どうしの生地をしっかりくっつける。

Point 2

写真のようにオーブンシートごとゆっくりと揚げ油に入れる。1分揚げたらオーブンシートを取り除いて、ひっくり返して1分揚げる。さらにまたひっくり返して1分揚げる。

Scone

混ぜて焼くだけなのに本格派。その秘密は、生クリーム。生クリームを使えば、バターと粉をポロポロ状になるまですり合わせていく面倒な作業がいりません。レシピの完成に数年かかった自信作です！

バターなし、
混ぜて焼くだけで
かんたん絶品

Scone

バターを使わない米粉のスコーンは、サクっと
ほろっと軽やかな食感が自慢。材料をどんど
ん混ぜていくだけでいいから、思い立ったらす
ぐに作れるのも魅力です。

スコーン

プレーン・抹茶・紅茶・チョコ・W チョコ

材料 (各6個分)

プレーン

A {
- 米粉 … 100g
- きび砂糖 … 20g
- 塩 … ふたつまみ
- ベーキングパウダー … 3g
}
- 生クリーム … 70g
- 溶き卵 … 10g
- 溶き卵 (つや出し用) … 適量

抹茶

A {
- 米粉 … 95g
- 抹茶パウダー … 5g
- きび砂糖 … 10g
- 塩 … ふたつまみ
- ベーキングパウダー … 3g
}
- 生クリーム … 70g
- 溶き卵 … 15g
- チョコレート … 40g
- 溶き卵 (つや出し用) … 適量

紅茶

A {
- 米粉 … 100g
- アールグレイのティーバッグ
  (茶葉を取り出す) … 2袋 (4〜5g)
- きび砂糖 … 20g
- 塩 … ふたつまみ
- ベーキングパウダー … 3g
}
- 生クリーム … 70g
- 溶き卵 … 12g
- 溶き卵 (つや出し用) … 適量

チョコ

A {
- 米粉 … 100g
- きび砂糖 … 10g
- 塩 … ふたつまみ
- ベーキングパウダー … 3g
}
- チョコレート … 35g
- 生クリーム … 70g
- 溶き卵 … 12g
- 溶き卵 (つや出し用) … 適量

Wチョコ

A {
- 米粉 … 90g
- ココアパウダー … 10g
- きび砂糖 … 10g
- 塩 … ふたつまみ
- ベーキングパウダー … 3g
}
- 生クリーム … 70g
- 溶き卵 … 17g
- チョコレート … 35g
- 溶き卵 (つや出し用) … 適量

準備

共通

・オーブンは200℃に予熱する。

抹茶 **チョコ** **Wチョコ**

・チョコレートを適当な大きさに切る (Photo)。

作り方

1.

ボウルにAを入れ、泡立て器で均一になるように混ぜ合わせる。

2.

生クリームを加え、スプーンでポロポロ状になるまで混ぜ合わせる。

生クリームがポイント!

生クリームを使えば、スコーンを作るときに必ず行う、冷やした角切りバターと粉を手でポロポロ状にすり合わせていく面倒な作業が不要です。

3.

溶き卵を加えて、全体になじむようにスプーンで混ぜる。
このとき 抹茶 と チョコ と Wチョコ は、カットしたチョコレートを加え、均一になるようにスプーンで混ぜる。

4.

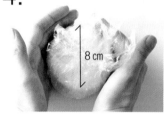

8cm

ラップで生地を包み、生地をひとつにまとめて、直径約8cm、厚さ3cmの円柱状に形を整える。

5.

ラップを開いて、包丁で放射線状に6等分する。

6.

オーブンシートを敷いた天板に5を並べて、つや出し用の溶き卵を上面と側面（切り口以外）に二度塗りする。200℃のオーブンで15分焼く。

Column

1個ずつラップに包み、保存袋に入れて冷凍すれば、2週間ほど保存OK。食べるときは、オーブントースターやオーブンで温め直すと、焼きたてのおいしさが復活します。

バターなし、
オイルで作る
しっとりマフィン

<u>マフィン</u>

Muffin

オイルを使うからバターのように練り混ぜる

面倒な作業はなし！ ボウル1つで材料をどん

どん混ぜていくだけだからとっても簡単で、

軽い食感に仕上がります。

Muffin

オイルを使うから簡単で、しっとり軽い食べ心地です。ヨーグルトのおかげで、バターなしでも風味も豊か。さわやかなレモン、ほろ苦さが魅力の抹茶、ほっとする甘さのチョコを紹介します。

マフィン レモン・抹茶・チョコ

材料 (各6個分)

レモン
レモン (国産無農薬のもの) * … 1個
卵 … 2個
きび砂糖 … 80g
米油 (または太白ごま油) … 80g
プレーンヨーグルト … 80g
米粉 … 150g
ベーキングパウダー … 3g
*レモンの代わりにバニラビーンズペースト
　小さじ1を入れると、バニラのマフィンに
　なります。

抹茶
卵 … 2個
きび砂糖 … 80g
米油 (または太白ごま油) … 80g
プレーンヨーグルト … 80g
米粉 … 140g
抹茶パウダー … 10g
ベーキングパウダー … 3g

チョコ
チョコレート … 100g
牛乳 … 50g
卵 … 2個
米油 (または太白ごま油) … 50g
プレーンヨーグルト … 50g
きび砂糖 … 60g
米粉 … 100g
ココアパウダー … 15g
ベーキングパウダー … 3g

道具

・底面直径6㎝×高さ3.5㎝の
　マフィン型
・グラシンカップ (シリコン加工)

準備

共通　・卵とヨーグルトを室温に戻す。　・オーブンは180℃に予熱する。
レモン　・皮の黄色い部分をすりおろす。残りの実は、飾り用に
　　　　　6枚薄くスライスする (大きい場合は 半分に切る)。

作り方

レモン 抹茶

1. ボウルに卵を割り入れて溶きほぐし、砂糖を加えて泡立て器で混ぜる。

2. 油を加え、よく混ぜ合わせる。

3. ヨーグルトを加え、泡立て器でしっかり混ざり合うまでよく混ぜる。このとき、レモン はレモンの皮も加える。

4. 米粉を加え、泡立て器でしっかり混ざり合うまでよく混ぜる。このとき 抹茶 は抹茶パウダーをふるい入れて混ぜる。最後にベーキングパウダーを加えて混ぜる。

チョコ

1. ボウルにチョコレートを割り入れ、牛乳を加え、湯せんにかけて、チョコレートを溶かす。泡立て器で混ぜ合わせ、なめらかになったらボウルを湯せんから外す。

2. 油を加え、泡立て器でしっかり混ざり合うまでよく混ぜる。

3. ヨーグルトを加えて、よく混ぜ合わせる。溶きほぐした卵を2回に分けて加え、その都度よく混ぜ合わせる。砂糖を加えて混ぜ合わせる。

4. 米粉を加えココアパウダーをふるい入れ、泡立て器でしっかり混ざり合うまでよく混ぜる。最後にベーキングパウダーを加えて混ぜる。

共通

5. グラシンカップを敷いたマフィン型に生地を流し入れる。レモン は、飾り用のスライスレモンをのせる。

6. 天板にのせて、180℃のオーブンで25〜30分焼く。焼き上がったらすぐに型から取り出し、網の上で冷ます。*すぐに食べない場合は、温かいうちにラップで包み乾燥を防ぐ。

パウンドケーキ

Pound cake

すべての材料を1ポンドずつ使うことからその名がついたパウンドケーキ。『米粉』で小麦粉のパウンドケーキのような口当たりを叶えるために、小麦粉の場合のバター1の割合を「油脂（バター0.9・米油0.1）」にするレシピにたどり着きました。

米粉のための
オリジナル配合で
極上パウンドケーキ

Pound cake

小麦粉のパウンドケーキのようなおいしさを米粉で実
現するために、試行錯誤したレシピです。丁寧に作れ
ば、ケーキ屋さんに負けないくらいきめ細やかなしっと
りとしたパウンドケーキが作れます。

パウンドケーキ

バニラ・コーヒー・ココア・ゆず・フルーツ

材料 (17×7×高さ6cmのパウンド型1台分)

バニラ
無塩バター … 99g
米油 (または太白ごま油) … 11g
きび砂糖 … 110g
溶き卵 … 110g
米粉 … 110g
A　バニラビーンズペースト* … 6g
＊バニラエキストラクトか、
バニラオイル数滴でもよい。

コーヒー
無塩バター … 99g
米油 (または太白ごま油) … 11g
きび砂糖 … 110g
溶き卵 … 110g
米粉 … 110g
A { インスタントコーヒー … 8g
　 熱湯 … 8g

ココア
無塩バター … 99g
米油 (または太白ごま油) … 11g
きび砂糖 … 110g
溶き卵 … 110g
米粉 … 88g
ココアパウダー … 22g
A　チョコチップ … 50g

ゆず
無塩バター … 99g
米油 (または太白ごま油) … 11g
きび砂糖 … 88g
溶き卵 … 110g
米粉 … 110g
A　ゆずジャム* … 130g
＊手作りする場合はP30参照。

フルーツ
無塩バター … 90g
米油 (または太白ごま油) … 10g
きび砂糖 … 80〜90g
溶き卵 … 100g
米粉 … 100g
A { 好みのドライフルーツ* … 150g
　 ラム酒 … 30g
　 くるみ … 35g
好みで仕上げのラム酒
　(またはグランマルニエ) … 10〜20g
＊この本では、レーズン60g、クランベリー30g、
あんず20g、オレンジピール40gを使用。

道具

・17×7×高さ6cmのパウンド型

準備

共通
・バターは室温に戻す。
・溶き卵は室温に戻す。
・パウンド型にオーブンシートを敷く
　(P65参照)。
・オーブンは170℃ (フルーツ は180℃)
　に予熱する。

コーヒー
・容器にAを入れ、よく混ぜて溶かす (Photo 1)。

ココア
・ボウルに米粉を入れ、ココアパウダーを
　ふるい入れて、泡立て器でぐるぐると
　均一になるように混ぜ合わせておく。

(Photo 1)

ゆず

・ゆずジャムの皮を細かく刻む。

フルーツ

・ドライフルーツは、熱湯をかけて付着しているオイルなどを洗い落とし、
　ざるに上げて水気をきる（Photo 2）。ペーパータオルで水気をよくふく。

・ドライフルーツを5mmくらいに刻んで容器に入れ、ラム酒を加えて
　スプーンで混ぜ合わせ、ふたをして1日漬け込む。

・くるみは粗く刻み、160℃のオーブンで5〜6分から焼きする。

（Photo 2）

作り方

1.

ボウルにバターを入れ、ハンドミキサーで軽くほぐす。

Point 1

バターは指で軽く押さえたときに、抵抗なく中にめり込むくらいの状態のものを使うのが大事。バターが冷たいと、生地が分離しやすくなるので失敗のもとに。

2.

油を加え、ハンドミキサーで混ぜ合わせる。

3.

砂糖を加え、バターがしっかり空気を含んで白っぽくなるまで、ハンドミキサーでよく混ぜ合わせる。

4.

卵を5回に分けて加え、その都度ハンドミキサーでよく混ぜてから、ゴムべらで底からすくうようにしてしっかりと混ぜ合わせる。

Point 2

2回目までは、溶き卵を大さじ3ずつ、3回目以降は、大さじ2くらいずつとだんだん減らしながら加え、その都度ハンドミキサーとゴムべらを使って、しっかり混ぜ合わせる。この作業を丁寧に繰り返す。

さらにポイント！

卵を混ぜる際、卵の量が増えてくるとバターと混ざりにくくなり、分離しやすくなってくる。もしも油がうっすら浮いていて、混ざりにくくなったら、米粉の1/3量ほどを加え、粉けがなくなるまで混ぜ合わせる。

5.

米粉（ ココア はココアパウダーを混ぜたもの）を一度に加え、ゴムべらで底からすくうようにして混ぜ合わせる。

6.

粉っぽさがなくなり、なめらかでツヤのある生地になればOK。

7.

Aを加え、全体を混ぜ合わせる。

8.

パウンド型に流し入れ、表面をゴムべらで平らにならす。型を10cmほど持ち上げ、台の上に軽く落とし、生地の中の空気を抜く。

9.

	温度	時間
バニラ		
ココア	170℃	20分
ゆず		
コーヒー		17〜18分
フルーツ	180℃	15分

天板にのせ、上記の温度に予熱したオーブンで上記の時間焼く。

10.

いったんオーブンの扉を開け、パウンドケーキの真ん中にナイフで浅めに筋を入れる。扉を閉め、さらに30〜35分焼く。

11.

焼き上がったらすぐに型から外し、ラップで全体を包んで冷ます。＊ フルーツ は、熱いうちに洋酒をハケで全面に塗るとおいしい。冷めたら食べられるが、より味がなじんでくる3日目以降がおすすめ。

ゆずジャムの作り方

ゆずが出回る季節には、ぜひ手作りのジャムに挑戦してみましょう。少し手間はかかりますが風味もおいしさも格別です。

材料（作りやすい分量）

ゆず … 約700g（約6個）
きび砂糖 … 作り方2参照

作り方

1. ゆずはよく洗って横半分に切り、果汁を搾って種を取る。外皮の内側に残っている実の部分をスプーンで取り、包丁でざく切りにする。ヘタを取り、外皮を好みの太さに切る。

2. 外皮、果汁、実の重さを計り、その60％の砂糖を用意する。外皮が苦い場合は、1〜3回ほど必要に応じてゆでこぼす。

3. 鍋に外皮、実、果汁、砂糖を入れて全体を混ぜる。10分ほどおき、じんわりと全体に水分が出てきたら、ふたをして中火にかける。

4. 沸騰したら弱火にし、ときどきふたを開けて混ぜながら煮る。外皮がやわらかくなってとろみがついたらできあがり。煮沸消毒したビンに入れる。

きめ細やかで、しっとり、ふんわり。
米粉ならではの
軽いくちどけが楽しめます。

シフォンケーキ

Chiffon cake

『米粉』なら、シフォンケーキ特有のふわふわ感とくちどけのよさがより増して、翌日以降もしっとりきめ細やかな生地感が楽しめます。小麦粉で作るよりもおいしいと人気になりそう！

Chiffon cake

生地をぐるぐる混ぜてもグルテンが出ない米粉だから、
シフォンケーキ作りがとっても簡単！メレンゲさえ成功
すれば、ふんわり、しっとり、感動の味に。プレーンと紅
茶、2つのフレーバーをどうぞ。

シフォンケーキ

プレーン・紅茶

材料 (直径17cmのシフォンケーキ型1台分)

プレーン

卵黄 … 4個分

きび砂糖 (卵黄用) … 30g

A { 米油 (または太白ごま油) … 40g
バニラビーンズペースト* … 小さじ1/2強
熱湯 … 45g }

米粉 … 95g

卵白 … 4個分

きび砂糖 (卵白用) … 38g

＊バニラエキストラクトか、
　バニラオイル数滴でもよい。

紅茶

卵黄 … 4個分

きび砂糖 (卵黄用) … 40g

A { 米油 (または太白ごま油) … 35g
アールグレイのティーバッグ … 2袋 (4〜5g)
熱湯 … 50g }

米粉 … 80g

卵白 … 4個分

きび砂糖 (卵白用) … 45g

道具

・直径17cmのシフォンケーキ型

準備

共通

・卵黄は室温に戻す。

・卵白はボウルに入れて冷蔵庫で
　よく冷やしておく。

・オーブンは170℃に予熱する。

紅茶

・Aの茶葉を袋から出してカップに
　入れ、分量の熱湯を注ぐ 。

作り方

1.

ボウルに卵黄を入れ、泡立て器で
ほぐす。

2.

砂糖を加えてよく混ぜ合わせる。

3.

Aの油に熱湯とバニラペーストを
加え、混ぜ合わせる。
紅茶 の場合、準備しておいた紅
茶を、Aの油に湯と茶葉ごと加え
て混ぜる。

4.

2のボウルに3を加え、混ぜ合わせ
る。

5.

米粉を加えて混ぜ合わせる。

6.

別のボウルで冷やしておいた卵
白をハンドミキサーで軽く泡立て
たら、砂糖を3回に分けて加え、
その都度ハンドミキサーの高速で
しっかりと泡立てる。

7.

ツノがしっかり立ったメレンゲがで
きたら、ハンドミキサーを低速にし
て20秒ほどゆっくりと混ぜ、きめ
を整える。

8.

5にメレンゲの1/3量を加え、泡
立て器でダマがなくなるまで混ぜ
る。残りのメレンゲを2回に分けて
加え、泡立て器を底からすくい上
げるようにして混ぜる。

9.

底に卵黄生地がたまりやすいの
で、ゴムべらに持ち替え、底から
生地をすくい上げるようにして混
ぜ合わせる。

10.

型に生地を流し入れる。型を台に
2〜3回トントンと落として空気を
抜く。

11.

菜箸や竹串で生地をぐるぐる数
周混ぜる。さらに、内側から外側
に向かって生地をギザギザに切る
ように動かし、数周する。

12.

ゴムべらで、外側が高くなるよう
に生地を整えて表面をならす。型
を天板にのせ、170℃に予熱した
オーブンで35分焼く。

13.

焼き上がったら、オーブンからす
ぐに取り出す。安定するマグカッ
プなどをひっくり返して、底に逆さ
にした型をのせて冷ます。

14.

完全に冷めたら型から外す。型の
側面に沿って、シフォンナイフを上
下に動かしながら一周する。

15.

円筒部は、竹串を使って上下に動
かしながら一周する。

16.

型の底面を指で押して側面を外
す。

17.

型の底面と平行になるようにシ
フォンナイフを差し込み、前後に
動かしながら生地を外す。

Chou à la crèam

卵を少なめにして、カリッと香ばしいシュー生地の配合にしました。生地のカリカリ感を楽しんでほしいから、クリームを絞ったらすぐに食べるのがおすすめです。粉糖をふっていちごをサンドしたり、溶かしたチョコレートをコーティングしてもおいしい。

シュークリーム

材料（直径約7cmのもの6個分）

シュー生地

$A\begin{cases}牛乳 \cdots 40g \\ 水 \cdots 40g \\ きび砂糖 \cdots 3g \\ 塩 \cdots 少々 \\ 無塩バター \cdots 32g\end{cases}$

米粉 … 50g

溶き卵 … 65g

カスタードクリーム

卵黄 … 3個分

きび砂糖 … 47g

米粉 … 23g

バニラビーンズペースト … 小さじ1強

牛乳 … 250g

無塩バター … 13g

生クリーム

生クリーム … 60g

きび砂糖 … 6g

道具

・絞り袋
・直径1cmの丸口金
・霧吹き
・フォーク

準備

・卵は室温に戻す。
・バターは1cm角に切る。
・オーブンは200℃に予熱する。
・絞り袋は丸口金をつけ、袋の先端をはさみで
　口金が1/3程度出るくらいまで切る。高さのある
　コップにセットしておく（ Point ）。
・霧吹きに水を入れておく。フォークを水につけておく。

絞り袋を高さのあるコップに入れ、袋を
半分くらい外側に折り返す。

シュー生地の作り方

1.

鍋に**A**を入れて中火にかけ、沸騰させる。

2.

沸騰したらすぐに火を止め、米粉を加えて、ゴムべらで粉けがなくなるまで手早く混ぜる。

3.

再び弱火～弱めの中火にかけ、ゴムべらで絶えず混ぜながら、20～30秒ほど生地に火を通す。

4.

生地をボウルに移し、卵を3～4回に分けて加え、その都度ゴムべらでよく混ぜる。

5.

混ざったら高さのあるコップなどに入れておいた絞り袋に、**4**を入れる。

6.

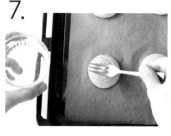

オーブンシートを敷いた天板に、間隔をあけながら、直径5㎝くらいに6個分絞り出す。

仕上げ

7.

水をつけたフォークで、**6**の表面を軽く押さえて筋をつけ、表面にたっぷりと霧吹きする。200℃のオーブンで20分焼き、180℃に下げて15分焼く。焼き上がったら取り出さず、オーブンの中で冷ます。冷ましている間に生カスタードクリームを作る（P39参照）。

P39の生カスタードクリームを丸口金をつけた絞り袋に入れ、厚みを半分に切ったシュー生地の下側に絞り出す。

底に菜箸で穴をあけ、クリームをたっぷり絞る方法でもよい。

カスタードクリームの作り方

1.

ボウルに卵黄を溶きほぐし、砂糖を加えて泡立て器でよく混ぜる。白っぽくなってきたら米粉を加え、粉けがなくなるまで混ぜる。

2.

バニラペーストを加えて混ぜ合わせる。

3.

鍋に牛乳を入れて中火にかけ、沸騰したら火を止める。3を泡立て器で混ぜながら、牛乳を少しずつ加え、よく混ぜ合わせる。

4.

3をざるでこしながら、鍋に戻し入れる。

5.

中火にかけ、ゴムべらで絶えず混ぜながら火を通す。全体にとろみがついてきたら、焦げないように注意しながら沸騰させる。

6.

沸騰したら、しっかり混ぜながらさらに2分加熱する。どろっとしたクリームが、とろりと軽い感触になったら火を止め、バターを加えて混ぜる。＊クリームにかたまりがある場合、ざるでこす。

生カスタードクリームの作り方

7.

熱いうちにバットに流し入れ、ラップを表面にぴったりと密着させる。ラップの上から保冷剤をのせ、底に氷水を当てながら急速に冷やす。

8.

7が冷えたらボウルに入れ、ゴムべらでなめらかになるまで混ぜる。別のボウルに生クリームと砂糖を加え、氷水で冷やしながら、泡立て器でツノが立つまで泡立てる。カスタードクリームに泡立てた生クリームを加えて混ぜ合わせる。

Rolled mille crêpes

卵焼き器で薄く焼いた生地をくるくると巻い
て、ティラミス味のロールケーキを作りまし
た。ココアパウダーをたっぷりかけて食べるの
がおすすめです。

ティラミス味のロールミルクレープ

材料 (16㎝長さのロールケーキ1本分)

A
- 溶き卵 … 50g
- きび砂糖 … 15g
- 米粉 … 50g
- 牛乳 … 140g
- 無塩バター … 10g
- バニラビーンズペースト … 少々

米油 (または太白ごま油) … 適量
生クリーム … 180g

B
- クリームチーズ … 180g
- きび砂糖 … 36g

ココアパウダー … 適量

道具

・18×14㎝の卵焼き器

準備

・バターは湯せんにかけて溶かす。
・クリームチーズは室温に戻す。
・溶き卵、牛乳は室温に戻す。

作り方

1. 生地を作る。ボウルにAを入れて泡立て器で混ぜ合わせ、ざるでこす。

2. 卵焼き器を中火で熱し、油を薄く塗る。1の1/7量をお玉で流し入れ、薄く広げる。生地の周りが乾いてきたら弱火にして焼けたらひっくり返し、さらに10〜15秒ほど焼き、皿に取り出す。残りも同様にして7枚焼いたら、ラップをかけて冷蔵庫で冷やす。＊生地は焼く前に、毎回よく混ぜる。

3. クリームを作る。ボウルに生クリームを入れ、氷水を当てながら、ハンドミキサーで八分立て (すくうと柔らかなツノが立って下を向く状態) にする。

4. 別のボウルにBを入れ、ハンドミキサーでなめらかになるまで混ぜる。3を加え、ゴムべらで混ぜ合わせる。

5. ラップを大きめにカットして台に広げる。3の生地を (Point 1) を参照して 4枚並べる。

6. 4は半量よりやや多めの分量を、ゴムべらで5の上に全体に塗り広げる。ココアパウダーを茶こしに入れ、クリームが見えなくなるまでたっぷりふるう。

7. (Point 2) を参照し、手前のラップを持ち上げて、端からくるくる巻く。

8. 残りの3枚の生地も、5〜6のプロセスと同じようにする。

9. (Point 3) を参照し、8の上に7をのせて巻き、形を整える。

10. 9の巻き終わりを下にし、ラップに包んだまま冷蔵庫で一晩冷やす。クリームがしっかりと固まったら、好みの幅に切って器に盛る。断面にココアパウダーをふって食べる。

(Point 1)

ラップの上に、生地の長いほうを手前におき、約1㎝ずつ重なるようにして縦に4枚並べる。

(Point 2)

生地の手前をラップごと持ち上げて、端からくるくる巻いて形を整える。

(Point 3)

先に巻いた生地を手前にのせて芯のようにし、(Point 2) と同様にラップごと持ち上げて端からくるくる巻く。

Raisin sandwich cookie

大人気のあの味を米粉で再現！ バターの代わりにク
リームチーズを使ったレーズンクリームを使っているから、
軽やかな米粉のサブレ生地と相性抜群です。

レーズンサンドクッキー

材料（直径5cmのもの10個）

サブレ生地
　無塩バター … 50g
　きび砂糖 … 40g
　塩 … ひとつまみ
　溶き卵 … 20g
　米粉 … 120g
　ラム酒 … 適量

ラムレーズン
　レーズン … 50g
　ラム酒 … 20g

レーズンクリーム
　クリームチーズ … 100g
　ホワイトチョコレート … 50g
　ラム酒 … 5g
　ラムレーズン（準備参照） … 70g

道具

・直径4.8cmの丸型

準備

・ラムレーズンを作る。レーズンと
　ラム酒を容器に入れ、途中で
　2～3回混ぜながら1～2日浸けて
　ラム酒を吸わせる。
・バター、溶き卵、クリームチーズは
　室温に戻す。
・オーブンは170℃に予熱する。

作り方

1. サブレ生地を作る。ボウルにバターを入れ、ゴムべらでなめらかになるまでほぐす。砂糖と塩を加えてよく混ぜ、卵を2回に分けて加えてさらによく混ぜる。

2. 米粉を加えて、粉っぽさがなくなるまでゴムべらでよく混ぜる。米粉に卵の水分をしっかりと吸い込ませる。この時点ではまだ生地はまとまらない。

3. 2をポリ袋に入れて生地をもんでひとまとめにしたら、台の上にのせ、手の付け根を使って押すようにして生地をのばす（Point 1）。

4. ある程度のばしたら、めん棒で5mm厚さにのばす（Point 2）。ハサミでポリ袋の下の閉じているところを切り、上にした面の中央を観音開きのように切ってポリ袋を開く。

5. 丸型で抜き、（Point 3）を参照して、オーブンシートを敷いた天板にのせる。＊生地が柔らかくて型抜きがやりにくい場合は、冷蔵庫で15分ほど冷やす。

6. 170℃のオーブンで18分焼く。焼き上がったら網にのせ、クッキーの片面（サンドしたときに内側になる面）にハケでラム酒を塗り、冷ます。＊クッキーがしんなりするほどの塗りすぎに注意。

7. レーズンクリームを作る。ボウルにクリームチーズを入れ、ゴムべらでなめらかになるまでほぐす。

8. 刻んだホワイトチョコレートを湯せん（40～45℃）にかけて溶かし、7に加えてよく混ぜる。ラム酒とラムレーズンも加え、なめらかになるまで混ぜる。塗りやすいかたさになるまで、冷蔵庫で少し冷やす。

9. 6のラム酒を塗った面に、8をスプーンで塗ってサンドする。冷蔵庫で半日冷やし、クリームが固まれば完成。

Point 1

生地はポリ袋に入れてのばすと簡単。手の付け根に体重をかけるようにし、生地を押すようにしてのばす。

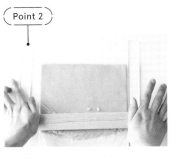

Point 2

ポリ袋の上からめん棒を転がす。生地の両端に5mm厚さのルーラーを置くと簡単。

Point 3

ポリ袋の下に手を添え、生地をポリ袋からそっとはがす。生地が割れやすいので注意。

Churros

もっちりサクサクの本格的なチュロスは、油
を吸いにくい米粉を使っているから、いくらで
も食べられそうな軽やかさです。揚げたてに
たっぷりシナモンシュガーをまぶしてどうぞ。

チュロス

材料 (長さ15cmのもの約11本分)

A {
　牛乳 … 160g
　きび砂糖 … 10g
　無塩バター … 20g
}

米粉 … 100g

溶き卵 … 50g

あればバニラビーンズペースト
　　… 小さじ1/2弱

揚げ油 … 適量

B {
　きび砂糖 … 15g
　シナモンパウダー … 1g
}

道具

・布製の絞り袋
・口径15mm、切り込み6切の星口金

☑ 道具メモ

布製の絞り袋

かたい生地を絞るときに最適な丈夫な布製。チュロスはかための生地なので、ビニール製だと破れてしまうことがある。

星口金

星型に絞り出すことができる口金。チュロスは、必ず星口金を使うこと。丸口金などで代用すると、揚げたときに内部の生地が膨張して破裂する恐れがある。

準備

・卵は室温に戻す。
・バターは1cm角に切る。
・Bを合わせてシナモンシュガーを作る。
・絞り袋に口金をつける。

作り方

1. 鍋にAを入れて中火にかけ、バターを溶かす。沸騰したらすぐに火を止めて米粉を加え、ゴムべらで手早く混ぜ合わせる。

2. 粉けがなくなったら、生地を手早く混ぜながら30秒ほど弱火にかける。

3. 生地をボウルに移し、バニラペーストを入れる。卵を3〜4回に分けて加え、その都度ゴムべらでよく混ぜる。

4. 絞り袋に生地を入れ、中身を口金のほうにカードで押しながら、余分な空気を抜く。

5. オーブンシートの上に、(Point 1) を参照して4を約15cm長さで絞り出す。

6. フライパンに揚げ油を160〜170℃に熱し、5をそっと入れる。
　＊生地が柔らかくて持てない場合は、オーブンシートごと油に入れる。

7. 表面が固まってきたら、菜箸でときどき転がしながら、色が均一になるように3〜4分揚げ、油をきる。

8. シナモンシュガーをバットに広げ、熱いうちに全体にまぶす。

(Point 1)

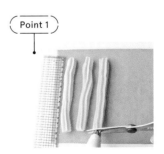

生地がかたいため、絞り出すときに力が必要。絞り終わりの部分は、キッチンばさみで切る。

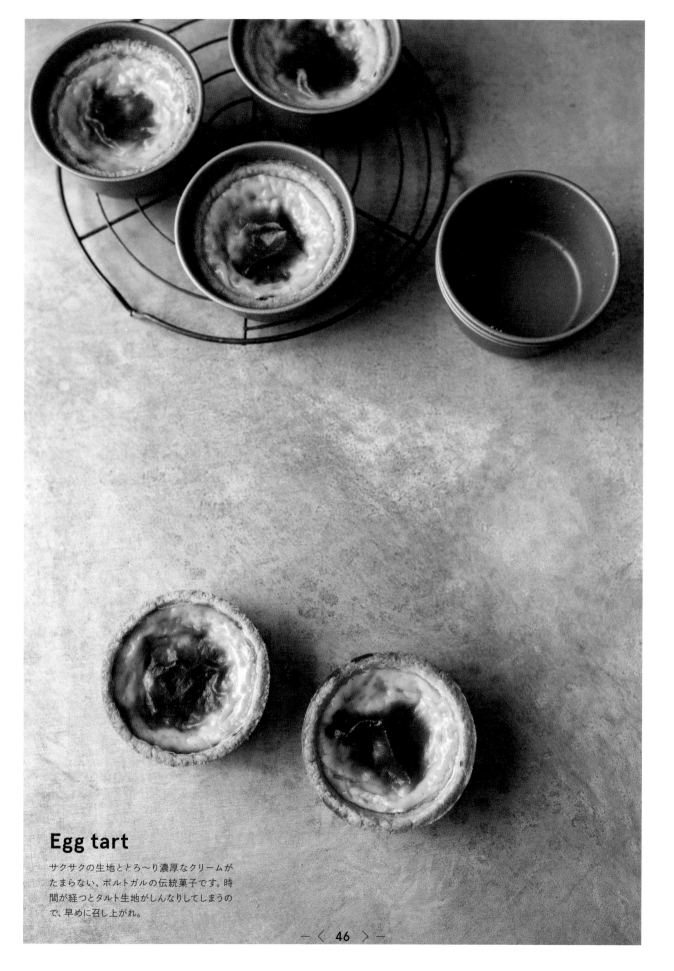

Egg tart

サクサクの生地ととろ～り濃厚なクリームが
たまらない、ポルトガルの伝統菓子です。時
間が経つとタルト生地がしんなりしてしまうの
で、早めに召し上がれ。

エッグタルト

材料（底面直径5.5×高さ2.5cmの プリン型6個分）

タルト生地

無塩バター … 60g

塩 … ひとつまみ

きび砂糖 … 25g

溶き卵 … 36g

米粉 … 130g

カスタードクリーム

卵黄 … 3個分

きび砂糖 … 54g

米粉 … 15g

バニラビーンズペースト … 小さじ1強

牛乳 … 250g

無塩バター … 12g

道具

・底面直径5.5×高さ3.5cmの
　プリン型6個

準備

・バターと卵は室温に戻す。
・型にバター（分量外）を薄く塗り、
　冷凍庫で冷やしておく。
・オーブンは230℃に予熱する。

作り方

1. タルト生地を作る。ボウルにバターを入れてゴムべらでほぐし、砂糖と塩を入れて混ぜる。

2. 卵を3〜4回に分けて加え、その都度ムラなく混ぜる。

3. 米粉を加え、粉けがなくなるまでよく混ぜる。

4. 冷やしておいた型に生地を6等分して敷き込み、冷凍庫で10分以上タルト生地が完全に固まるまで冷やす Point 。＊タルトストーンを敷かないためしっかり固める

5. 4がしっかり固まったら、内側に溶き卵（分量外）をハケで薄く塗る。

6. 天板にのせ、230℃のオーブンで4〜5分焼く。生地が膨んでいたら、スプーンで押さえて平らにする。

7. P39の作り方1〜7を参照し、カスタードクリームを作る。

8. 6のタルト生地の九分目までカスタードクリームを入れ、天板にのせ、230℃のオーブンで20分焼く。

9. 粗熱が取れたら型から外し、網の上で冷ます。

Point

プリン型の八分目までタルト生地を敷き込む。冷凍庫で完全に固めないと、焼いている最中に生地が膨らんできてしまう場合があるので注意。

Apple
Crumble Cake

りんごのクランブルケーキ

クッキー生地をそぼろ状にした、サクサクの
クランブルを『米粉』で作るために、つなぎに
卵を入れました。小麦粉で作ったものと変わ
らないサクサク感と、米粉ならではの軽い食
感は格別です！

サクサクのクッキーみたいな
米粉のクランブルを
のせます

Apple Crumble Cake

アーモンドケーキと甘酸っぱいりんごのペーストがベストマッチのクランブルケーキは、りんごがおいしい季節に味わっていただきたいスイーツの一つです。紅玉りんごに出合ったら、ぜひお試しを。

りんごのクランブルケーキ

材料 (17×7×高さ6cmのパウンド型1台分)

りんごペースト
りんご（紅玉）
　… 小2個（正味330〜350g）
塩 … ひとつまみ
レモン汁 … 大さじ3

クランブル生地
無塩バター* … 10g
きび砂糖 … 12g
塩 … 少々
溶き卵 … 6g
米粉 … 25g
シナモンパウダー … 好みの量
アーモンドプードル … 10g
＊好みで有塩バターでもよい。

アーモンド生地
無塩バター* … 50g
きび砂糖 … 50g
溶き卵 … 40g
米粉 … 40g
アーモンドプードル … 30g
＊好みで有塩バターでもよい。

道具

・17×7×高さ6cmのパウンド型

準備

・バターと卵は室温に戻す。
・パウンド型にオーブンシートを敷く
　（P65参照）。
・オーブンは180℃に予熱する。

作り方

りんごペーストを作る。

1. りんごは皮付きのまま縦8つに切り、種とへたを取って小さく刻む。皮が気になる場合はむいてもよい。

2. 1を鍋に入れて塩とレモン汁を加え、全体になじませるように混ぜる。

3. 蓋をしてごく弱火にかけ、焦げないように注意しながら、20分蒸し煮にする。途中で焦げそうなら、ふたをとって混ぜてOK。

4. りんごがしんなりとしてきたら、やや火を強める。木べらで混ぜながら、水分を飛ばすようにペースト状になるまで煮詰める Point 1 。冷ます。

Point 1

このくらいまで煮詰める。直径14cmくらいの小さめの鍋がおすすめ。水分が少ないので、焦げないように注意する。

クランブル生地を作る。

5. ボウルにバターを入れ、ゴムべらで柔らかくほぐしたら、砂糖と塩を加えて混ぜ合わせる。

6. 卵を加え、なめらかになるまで混ぜ合わせる。米粉とシナモンパウダーを加え、粉けがなくなるまで混ぜ合わせたら、アーモンドプードルを加えて均一になるまで混ぜる。

7. 6を指ですり合わせてそぼろ状にし、クランブル生地を作る（Point 2）。冷凍庫に入れて冷やす。

アーモンド生地を作る。

8. バターをボウルに入れ、ハンドミキサーで軽くほぐしたら、砂糖を加えてよく混ぜる。バターにしっかり空気を含ませるようによく混ぜること。

9. 卵の1/4量を加え、ハンドミキサーでよく混ぜ合わせる。卵が混ざったら、ゴムべらに持ち替え、生地全体を混ぜ合わせる。残りの卵も3回に分けて同様にして混ぜる。

10. 米粉を加え、ゴムべらで粉けがなくなるまで混ぜる。アーモンドプードルをざるでふるい入れ、よく混ぜ合わせる。

型に入れて焼く。

11. パウンド型に10を流し入れ、表面を平らに整える。4のりんごペーストをのせ、表面を平らに整える。7のクランブルを全体に散らす（Point 3）。

12. 天板にのせ、180℃のオーブンで40〜45分焼く。焼き上がったらすぐに型から外し、網にのせて冷ます。

Point 2

生地を指先でこすり合わせるようにしてそぼろ状にする。そぼろの大きさはそろえなくてよい。

Point 3

りんごペーストが見えないよう、冷やしておいたクランブルを全体にのせる。

Oatmeal Cookie

ざくざくした食感の素朴な味が魅力の
クッキーです。

バター不使用

米粉と
オートミールのクッキー

材料 (直径5.5cmのクッキー18枚分)

A
- 米粉 … 100g
- オートミール … 100g
- アーモンドプードル … 50g
- 塩 … ひとつまみ
- 好みでシナモンパウダー … 適量

メープルシロップ … 60g
米油 (または太白ごま油) … 60g
水 … 約15g

B
- チョコチップ … 50g
- 刻んだオレンジピール … 40g

準備

・オーブンは170℃に予熱する。

作り方

1. ボウルにAを入れ、ゴムべらでよく混ぜる。

2. 別のボウルにメープルシロップを入れ、油を少しずつ入れながら、泡立て器でよく混ぜ合わせる。1に加えて、ゴムべらで全体になじませるように混ぜる。

3. 水を加えて混ぜる。生地をギュッと握ったときに、ベタつかずに形が作れるくらいの状態になるように、水の分量は調整する。＊水は少ないほうが軽い食感になる。

4. Bを加えて均一になるように混ぜる。生地を約25gずつ丸め、オーブンシートを敷いた天板に間をあけて並べ、手で押して薄くのばす。

5. 170℃のオーブンで20分焼く。網の上で冷ます。

Brownie

濃厚なチョコレート生地も、米粉のおか
げで軽やか。お好みでナッツやドライフ
ルーツなどをトッピングしてもOK。

ブラウニー

材料 (15cm角のスクエア型1台分)

チョコレート … 100g
無塩バター … 30g
A {
  卵 … 1個
  水 … 10g
  きび砂糖 … 30g
}
米粉 … 30g
ココアパウダー … 8g
ベーキングパウダー … 小さじ1/2
くるみ … 40g
トッピング用
  くるみ … 10g
  アーモンド … 10g
  ピスタチオ … 2g

道具

・15cm角のスクエア型

準備

・卵は室温に戻す。
・チョコレートは刻んでおく。
・生地用のくるみは粗く刻み、160℃のオーブンで5〜6分、から焼きする。
・トッピングのナッツ類は細かく刻む。
・オーブンは170℃に予熱する。

作り方

1. ボウルに刻んだチョコレートとバターを入れ、50〜55℃の湯せんで溶かし、ゴムべらでなめらかになるまで混ぜ合わせる。

2. 別の容器にAを入れ、泡立て器でよく混ぜる。1に加え、ゴムべらでなめらかになるまで混ぜ合わせる。

3. 米粉とココアパウダー (ふるい入れる)、ベーキングパウダーを加え、ゴムべらで混ぜる。粉っぽさがなくなったら、くるみを加えて均一に混ぜ合わす。

4. オーブンシートを敷いた型 (P65参照) に生地を流し入れ、ゴムべらで広げる。トッピングのナッツを全体に散らす。

5. 天板にのせ、170℃のオーブンで20分焼く。焼き上がったら型から出し、網の上で冷ます。

Basque Cheesecake

日が経つごとに熟成されておいしくなるので、
3〜4日後から少しずつ切り分けながら味の
変化を楽しむのがおすすめです。甘酒の濃度
と甘さがこのチーズケーキのポイントになるの
で、必ず濃縮タイプの甘酒を使ってください。

バスクチーズケーキ

材料 (直径15cmの丸型1台分)

クリームチーズ … 200g
甘酒 (濃縮タイプ) … 210g
米粉 … 20g
溶き卵 … 68g
メープルシロップ … 26g
レモン汁 … 15g

☑ 材料メモ

甘酒 (濃縮タイプ)

米麹が原料のもので、水で2〜3倍に薄めて飲む「濃縮タイプ」の甘酒を使用します。

道具

・15cmの底が取れる丸型

準備

・材料はすべて室温に戻す。
・甘酒の粒が大きい場合は、フードプロセッサーやブレンダーなどを使ってなめらかなペースト状にしておく。
・型にオーブンシートを敷き込む (Point)。
・オーブンは220℃に予熱する。

作り方

1. ボウルにクリームチーズを入れ、ゴムべらでなめらかになるまでほぐす。

2. 甘酒を4回に分けて加え、その都度よく混ぜる。1回目の甘酒は少なめに入れるとなじみやすい。

3. 米粉を加えてよく混ぜる。粉っぽさがなくなったら、卵を加えて混ぜる。メープルシロップとレモン汁を加え、さらに混ぜる。

4. 生地をざるでこして、オーブンシートを敷いた型に流し入れる。

5. 天板にのせ、220℃のオーブンで30〜35分焼く。型に入れたまま冷まし、ラップをして冷蔵庫に入れ、2〜3日休ませる。

Point

オーブンシートは約27cm角にカットし、丸めて水で濡らす。水けをしっかりと絞って広げ、そのまま型に敷く。

卵・乳製品不使用。
甘酒を使った
絶品シュトーレン

シュトーレン

Stollen

ドイツ生まれのクリスマスの伝統的なお菓子
を、卵や乳製品を使わないヴィーガン仕様に
アレンジ。甘さに奥行きが出る甘酒やスパイ
スを使って本場の味そのものの絶賛レシピ
になりました。

Stollen

ラム酒が香るくるみやドライフルーツがぎっしり詰まった、大人向けのリッチな味わいです。翌日以降が食べ頃なので、必ず一晩はねかせてからどうぞ。

シュトーレン

材料 (約15×7cmの楕円形1本分)

生地

A
- 米粉 … 60g
- アーモンドプードル … 40g
- きび砂糖 … 10g
- インスタントドライイースト … 2g
- 好みのスパイス* … 小さじ1/3〜1/2

B
- 塩 … ひとつまみ
- ココナッツオイル
  (無臭タイプ、またはバター) … 10g
- 甘酒 (濃縮タイプ、P55参照) … 20g
- 無調整豆乳 (または牛乳) … 26g

フィリング

- くるみ … 30g
- 好みのドライフルーツ数種類
  　 … 70〜90g
- 刻みオレンジピール … 30g
- ラム酒 … 小さじ1

仕上げ

- 粉砂糖 … 適量
- ココナッツオイル (無臭タイプ、またはバター)
  　 … 適量

*スパイスは、シナモン、カルダモン、ジンジャー、ナツメグ、クローブなどのパウダータイプを使用。シナモンをベースに、その他のスパイスを1〜2種類プラスするのがおすすめ。シナモンだけでもOK。

準備

・ドライフルーツをざるに入れ、熱湯をかけて軽く水気を切る。オレンジピールと合わせて、ラム酒となじませておく。
・くるみは粗く刻み、160℃のオーブンで5〜6分、から焼きする。
・ココナッツオイルは湯せんで溶かす。
・甘酒に粒がある場合は、ハンドブレンダーやミキサーなどでペースト状にしておく。

作り方

1. ボウルにAを入れ、泡立て器で混ぜ合わせる。

2. 別の容器にBを入れ、スプーンなどで混ぜ合わせる。

3. 1のボウルに2を入れ、ゴムべらで混ぜる。生地がまとまってきたら、ドライフルーツとオレンジピール、くるみを加えて具材をまんべんなく混ぜ込み、ひとまとめにする。

4. (Point)を参照し、オーブンシートを敷いた天板の上で生地を成形する。

5. オーブンの発酵機能35℃で20分、発酵させる。＊発酵時の乾燥に気をつける。乾燥が気になる場合は、生地と一緒に、熱湯を入れたカップを置くのもおすすめ。

6. 160℃に予熱したオーブンで10分焼いたら、200℃に上げて10分焼き、アルミホイルをかぶせてさらに10分焼く。

7. 焼き上がったらすぐにオーブンから取り出し、生地の全面にココナッツオイルを塗る。

8. 粉砂糖を茶こしで全面にたっぷりとふる。

9. 熱いうちにラップでぴったりと包み、そのまま冷ます。時間が経つと粉砂糖がしみ込んでしまうので、再び8と同様に粉砂糖をふる。

10. ラップでぴったり包んだら、一晩おいて生地を落ち着かせる。スライスして食べる。

Point

めん棒で生地を15cm×12cmの楕円形にのばし、手前を1cmくらい残して、向こうから二つ折りにする。中心が高くなるように整え、軽く押さえてなじませる。

Naked
Birthday Cake

ネイキッド バースデイケーキ

バター不使用。
グルテンフリーで
バースデイケーキが
作れます

ふわふわの憧れスポンジケーキも、『米粉』
100%で作れます。クリームを塗って生地と
一晩なじませることで、しっとりした口当たり
に仕上がります。季節のフルーツを飾れば、
素敵なバースデイケーキに！

Naked Birthday Cake

N.Y発のネイキッドケーキは、「ネイキッド=裸の」とい
う名前の通り、スポンジ部分が透ける程度にうっすら
と生クリームを塗るのが特徴。きれいに生クリームを塗
らなくてもいいのにおしゃれに仕上がるから、お祝いの
ケーキにもぴったり！

ネイキッドバースデイケーキ

材料 (直径15cmの丸型1台分)

スポンジケーキ
　溶き卵 … 100g
　きび砂糖 … 68g
　牛乳 … 15g
　米油 … 10g
　米粉 … 75g

シロップ
　熱湯 … 30g
　きび砂糖 … 15g

デコレーション
　生クリーム … 350㎖
　きび砂糖 … 18g
　いちご … 2パック

道具

・直径15cmの底が取れる丸型

準備

・卵は室温に戻す。
・丸型にオーブンシートを敷く (P65参照)。
・オーブンは180℃に予熱する。
・デコレーションをする前に、
　シロップ、いちご、生クリームを
　用意する (右記参照)。

シロップの作り方

・熱湯に砂糖を溶かす。
　冷めたら、冷蔵庫に入れて冷やしておく。
　＊好みでキルシュなどのリキュール少々 (分量外) を加えてもよい。

いちごの切り方

・いちごは洗って水気をよくふき、へたを取る。
　飾り用の6〜7個は、縦半分に切る。残りは縦に薄く切る。
　使う直前まで冷蔵庫で冷やしておく。

生クリームの泡立て方

・ボウルに生クリームと砂糖を入れ、
　氷水に当てながら、ハンドミキサーで泡立てる。
　少しゆるめなところで泡立て器に持ち替え、
　八分立てにする (Point)。

(Point)

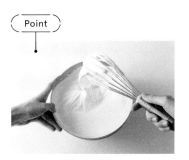

泡立て器ですくい上げると、柔らかいツノが立つくらいまで泡立てる。

スポンジケーキの作り方

1.

ボウルに卵と砂糖を入れ、ハンドミキサーの羽根で混ぜる。

2.

ボウルの底を湯せん（約60℃）にかけ、ハンドミキサーの羽根で混ぜながら、人肌程度に温める。指を入れて人肌くらいに温まったら、湯せんから外す。

3.

牛乳と油を入れた容器を湯せんにかけ、温めておく。

4.

2をハンドミキサーの高速で、白っぽくもったりするまで泡立てる。生地をすくって落としたとき、線がすぐに消えないくらいまで泡立てばOK。ハンドミキサーを低速にして泡のきめを整える。

5.

米粉を加え、ゴムべらでボウルの底からすくうようにして、粉っぽさがなくなるまで混ぜる。

6.

湯せんしておいた3の容器に5を少量入れ、ハンドミキサーの羽根でよく混ぜ合わせる。

7.

6をゴムべらで受けながら、5に戻し入れ、ゴムべらで混ぜ合わせる。

8.

7を型に流し入れる。表面の生地はゴムべらで軽く周囲の生地と混ぜ、平らにならす。

9.

型を少し持ち上げ、台に2〜3回落として空気を抜く。天板にのせ、180℃のオーブンで30〜35分焼く。

10.

焼き上がったらすぐにオーブンから取り出し、型を台にトンと落とす。

11.

型から出して上下を返し、ケーキクーラーや網の上で冷ます。

12.

冷めたら再び上下を返し、乾燥しないようすぐにポリ袋に入れる。このまま一晩ねかせ、生地を落ち着かせる。使う直前にポリ袋とオーブンシートを外す。

デコレーションのやり方

13.

スポンジケーキは、1cm厚さに切る。まず、ナイフで半分くらいまでスライスしたら、ケーキの向きを180度回し、残りの部分をスライスする。＊あれば10mm厚さのルーラーを使うと簡単。

14.

同様にして4枚用意する。デコレーションするまで、ポリ袋に入れて乾燥を防ぐ。

15.

回転台に14を1枚のせて、ハケでシロップの1/4量を切り口に塗る。生クリームを適量のせ、パレットナイフで広げる。

16.

スライスしたいちごを全体に並べ、いちごを覆うくらいの生クリームを適量のせ、パレットナイフで広げる。残りのスポンジケーキも、15と16を繰り返して同様にする。

17.

スポンジケーキの上面にシロップを塗り、残りの生クリームをのせ、パレットナイフでならす。側面はパレットナイフを立てて、スポンジケーキからはみ出しているクリームを整えるようにして塗り広げる。

18.

17を一晩冷蔵庫で休ませ、生地とクリームをなじませる。食べる直前に、飾り用のいちごをトッピングする。

米粉のお菓子作りのポイント

米粉を混ぜ合わせるときのコツや、オーブンシートの敷き方、保存方法など、
米粉のお菓子作りを成功させるための基本テクニックをまとめました。

混ぜ方のコツをマスターしよう

米粉は小麦粉と違って、ふるわなくていいし、さっくり混ぜなくても大丈夫。
米粉ならではの混ぜ方を知っておくと、上手に作れます。

1.

2.

泡立て器でぐるぐる混ぜる

米粉は小麦粉と違って、あらかじめふるう必要はありません。ボウルに入れて、泡立て器でぐるぐる混ぜればOK。

ゴムべらで生地を押しつける

米粉にバターや牛乳などの材料を混ぜ合わせるときは、ゴムべらで押すようにして、油脂や水分を米粉に吸わせるようにする。

生地をすくって返す

ある程度米粉になじんできたら、ボウルの底から生地をすくって返し、1と同様に。1→2を繰り返していくと、だんだん生地がまとまってくる。

焼き上がり〜保存方法について

米粉はお米同様、乾燥するとかたくなりやすいので、お菓子ごとに保存のコツがあります。

パウンドケーキやマフィンなど、生地がつまっているどっしり系タイプのお菓子は、焼き上がってすぐ、ラップで包むのがポイント。蒸気を閉じ込めたまま粗熱を取ることで、しっとりとした仕上がりになります。また、スポンジケーキやシフォンケーキなど、ふんわりした生地や、スコーンなどのさっくりしたタイプは、完全に冷めたタイミングで、ラップをして保存しましょう。

焼き菓子は冷凍保存もできます。個別にラップをし、保存袋に入れて2週間ほど冷凍できます。食べるときは自然解凍を。スコーンなどはオーブントースターで温め直すと、焼きたてのおいしさが楽しめます。

米粉のお菓子の基本ルール

どっしり系の生地
　焼き上がり直後にラップし、
　そのまま粗熱をとる

ふわふわ系＆さっくり系の生地
　完全に冷めたら、ラップして保存

一番おいしい食べどきを見極めよう

お菓子は焼きたてが最高のものと、ねかせたほうがおいしいものがあります。ドーナツやチュロスなどの揚げ菓子や、サクサクの生地のおいしさを味わいたいシュークリームは、できたてをすぐに食べたいお菓子ですが、パウンドケーキやブラウニーなどは、ねかせることで熟成し、完成された味わいになります。できたてをすぐに食べたくなる気持ちはわかりますが、時間も大切な調理工程の一つ。ねかせる目安が作り方に記載されているレシピは参考にしてください。はやる気持ちを我慢して、最高の状態でいただきましょう。

オーブンシートの
敷き方について

オーブンシートを型に敷いておくと、焼き上がったときにきれいに取り出せます。この本によく登場する、オーブンシートの敷き方を紹介します。

パウンド型

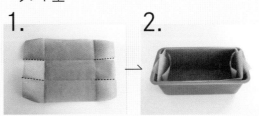

1. 型の大きさに合わせてオーブンシートを切り、折り目をつけて、写真のように4カ所に切り込みを入れる。

2. 1のオーブンシートを型の内側にはりつけるように、切り込み部分を重ねて敷く。

丸型

1. オーブンシートを、底面の大きさに合わせて丸く切る。側面は、型の高さより3cm高くなるように細長く切り、1〜1.5cm分折って切り込みを入れる。

2. 側面のオーブンシートの切り込み部分を下側にして型の側面に敷き、その上から丸のオーブンシートをのせる。

スクエア型

1. 型の大きさに合わせてオーブンシートを切り、折り目をつけて、写真のように4カ所に切り込みを入れる。

2. 1のオーブンシートを型の内側にはりつけるように、切り込み部分を重ねて敷く。

Part 2

Meals

米粉で
お食事レシピ

米粉はスイーツだけでなく、
毎日の食卓でも大活躍してくれます。
唐揚げや餃子など定番おかずから
ピザやニョッキなどのイタリアンまで
和洋問わず人気の味を、米粉で完全再現しました。

つるつる食感と
もちもち食感。
それぞれの食感の
カラフルなうどんも作れます

Udon

うどん

食感や見た目を自由にアレンジできる米粉う
どんです。混ぜるだけで作れます!『米粉』に
タピオカ粉を加えればもちもちに、片栗粉を加
えればつるっとしたのど越しに、野菜パウダー
を加えればカラフルな見た目も楽しめます。

Udon

小麦粉のように生地を踏んだり寝かせたりする必要が
ないので、気軽に作れます。コシのあるもっちりうどん
か、つるつるのうどんか、お好みでアレンジをどうぞ。

Colorful udon

オレンジ、パープル、グリーンと目にも楽しいカラフルな
うどんです。市販の野菜パウダーを混ぜるだけで、色も
鮮やか、野菜の風味も加わります。

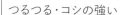

うどん＆カラフルうどん

材料 (各1人分)

うどん

A
- 米粉 … 75g
- タピオカ粉 (または片栗粉) … 25g
- サイリウム … 2g
- 好みで塩 … 少々

熱湯 … 85g

カラフルうどん

A
- 米粉 … 75g
- タピオカ粉 (または片栗粉) … 25g
- サイリウム … 2g
- 好みで塩 … 少々
- 好みの野菜パウダー (紫芋、ほうれん草、にんじん) … 各2〜3g

熱湯 … 85g

☑ 材料メモ

サイリウム (オオバコ)

オオバコ属のプランタゴ・オバタ (英名でサイリウム) という植物の種子の外皮を粉末にしたものです。糖質のない、炭水化物のすべてが食物繊維というスーパーフードで、水に溶かすとゼラチン状になるので、グルテンのない米粉のつなぎに使います。これを入れることによって米粉の生地をのばしても切れにくくなります。

☑ 材料メモ

野菜パウダー

国産野菜100％を使った野菜パウダー。粒子が細かいので料理に混ぜて使ってもなじみやすく、舌触りもなめらか。野菜パウダーを入れる量によって、色の濃淡の調節ができます。

ポイント！

米粉 + タピオカ粉 → コシあり

米粉 + 片栗粉 → つるつる

米粉にタピオカ粉を加えるとコシのあるうどんが、片栗粉を加えると柔らかめのつるつるうどんができます。タピオカ粉と片栗粉をブレンドして、自分好みの食感を見つけてみるのも面白いです。

作り方

1.

ボウルにAを入れ、泡立て器でぐるぐる混ぜ合わせる。 カラフルうどん の場合は、ここで野菜パウダーも加える。

2.

熱湯を加える。＊熱を加えることで、米粉のでんぷんを糊化（のり状になること）させる。

3.

やけどに気をつけながら、ゴムべらやスプーンで混ぜ合わせる。

4.

生地が触れるくらいの温度になったら、手でこねてひとまとめにする。

5.

台に米粉（分量外）を適量ふり、3〜4mm厚さにめん棒でのばす。ルーラーを使ってもよい。＊生地が温かいほうが作業しやすいので、手早く行う。

6.

包丁で3〜4mm幅に切る。

7.

鍋にたっぷりのお湯を沸かし、6をほぐしながら入れる。麺どうしがくっつかないように、途中でかき混ぜながら2分ゆで、ざるに上げて流水で洗う。水気をきって器に盛る。

お好みの薬味と麺つゆでどうぞ！

焼き餃子

材料 (16個分)

具

A {
豚ひき肉 … 100g
塩 … 1g
こしょう … 少々
しょうがのすりおろし … 5g
にんにくのすりおろし … 5g
しょうゆ … 小さじ1
オイスターソース … 小さじ1
ごま油 … 小さじ2
}
キャベツのみじん切り … 80g
ニラのみじん切り … 20g

皮

B {
米粉 … 80g
タピオカ粉 (または片栗粉) … 20g
サイリウム (P70参照) … 2g
塩 … 少々
}
熱湯 … 88g
米油 … 適量
熱湯 … 100〜150㎖
仕上げのごま油 … 大さじ1

道具

・あれば直径78㎜の丸い抜き型

作り方

1. 具を作る。ボウルにAを入れてよく混ぜる。粘りが出てきたら、キャベツとニラを加えて混ぜる。

2. 皮を作る。別のボウルにBを入れ、泡立て器でよく混ぜる。熱湯を加えてゴムべらで混ぜ、手で触れる温度になったら手でこねてひとまとめにする。

3. 2を12等分する (皮は最終的に16枚できる)。台に米粉 (分量外) 適量をふり、めん棒で大きめの円形にのばし、型で丸く抜く。余った生地を集めて同様にする。*型がない場合は生地を16等分し、直径8cmくらいの円形にする。生地が温かいうちに手早く行う。

4. 具を16等分して皮にのせ、折りたたんでふちを指でしっかり閉じる。*皮が台にくっついている場合は、カードで取るとよい。包む直前に、軽くめん棒で皮をのばすと包みやすい。

5. フライパンに油をひいて中火で熱し、4を並べて3分ほど焼く。軽く焼き色がついたら、熱湯を入れてふたをし、5分蒸し焼きにする。ふたを開けてごま油を回し入れ、強火でパリっとするまで焼く。*下記「カラフル蒸し餃子」を参照して蒸し餃子にしてもOK。

カラフル蒸し餃子

材料 (16個分)

具

餃子の具の材料 (上記参照) … すべて

皮

餃子の皮の材料 (上記参照) … すべて
好みの野菜パウダー (P70参照) … 2g

作り方

1. 上記「餃子」の作り方1〜4を参照し、同様にする。作り方2で野菜パウダーも加えて混ぜる。*野菜パウダーの分量で色の濃淡が調整できるので、好みで増減してOK。

2. 蒸し器に水を入れて沸騰させ、蒸気が出たら火を止める。蒸し器に餃子を並べ、ふたをして7〜8分強火で蒸す。*上記「焼き餃子」を参照して焼き餃子にしてもOK。

Gyoza

米粉で皮を手作りした焼き餃子は、パリッともちっと
やみつきになるおいしさ。生地を休ませる必要がないの
で、時短で作れるのもうれしいポイントです。

Colorful steamed gyoza

好みの野菜パウダーをプラスすれば、色鮮やかな餃子
も簡単です。つるんとした口当たりは、蒸し餃子ならで
は。油を使わないのでよりヘルシーです。

ごま豆腐

材料 (底面の直径4×高さ3.5～4㎝のもの3個分)

A {
米粉 … 25g
タピオカ粉 … 5g
粉寒天 … 2g
}

練りごま (白・黒どちらでも) … 50g

水 … 270g

味噌だれ (作りやすい分量)

B {
米味噌 … 30g
きび砂糖 … 15g
みりん … 20g
しょうゆ … 2g
}

水 … 大さじ1～2

📋 材料メモ

練りごま

炒りごまをすりつぶしてペースト状にしたもの。

道具

・底面の直径4×高さ5×
　上面の直径7㎝の容器3個

作り方

1. 容器は水にくぐらせておく。

2. 小鍋にAを入れ、ゴムべらで混ぜ合わせる。

3. ボウルに練りごまを入れ、ゴムべらで混ぜながら、水を少しずつ加えて練りごまを溶かす。 *一度に水を加えると、溶かすのが大変になるので注意。

4. 2に3を加え、ダマが残らないように混ぜる。 *加熱前に必ず粉を溶かしておくこと。

5. 4を中火にかけ、絶えず混ぜながら加熱していく。全体にとろみがついて、ブクブクしてきたら (Point)、さらに絶えず混ぜながら、2分ほど加熱する。

6. 1に流し入れ、冷蔵庫でしっかりと冷やし固める。

7. 味噌だれを作る。小鍋にBを入れてよく混ぜ、中火にかけて15秒ほど煮立たせる。水を加えて好みの濃さに調節する。

(Point)

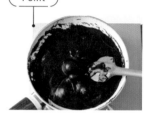

かたまりができてくるので、絶えず混ぜながら火にかけることが大切。底からブクブクと大きな泡が出てきてから2分ほど加熱する。

ピーナッツ豆腐

材料 (底面の直径4×高さ3.5～4㎝のもの3個分)

A {
米粉 … 25g
タピオカ粉 … 5g
粉寒天 … 2g
}

ピーナッツバター (無糖タイプ) … 50g

水 … 270g

しょうゆ (または麺つゆ) … 適量

わさび … 適量

📋 材料メモ

ピーナッツバター

ピーナッツをペースト状にしたもの。原材料に砂糖やその他の材料が入ってない、ピーナッツ100%のものを選んでください。

道具

・底面の直径4×高さ5×上面の直径7㎝の容器3個

作り方

1. 上記「ごま豆腐」の作り方1～6と同様にする。作り方3で、練りごまの代わりにピーナッツバターを入れる。

2. 器に盛り、しょうゆや麺つゆ、わさびをのせて食べる。 *ごま豆腐の味噌だれ (上記参照) も合う。

Sesame tofu

本格的なごま豆腐が、高価な葛粉を使わなくても米粉で再現できました。きな粉と黒蜜をかけて、甘味としていただくのもおすすめです。

Peanuts tofu

ねっとりした食感と濃厚なピーナッツの香りが楽しめるピーナッツ豆腐。おもてなしの席にもぴったりな上品な味わいです。

Oyaki

外はカリッと香ばしく、中はもっちりした食感
がたまらないおやきは、驚きのおいしさ！ 具
材は食事系だけでなく、あんこやチョコレート
などおやつ系もよく合うので、お好みでアレン
ジしてみて。

おやき
ニラ・クリームチーズ・切り干し大根・きんぴらごぼう

生地の材料 (直径約6.5cmのもの4個分)

基本の生地

A {
米粉 … 100g
塩 … 1g
インスタントドライイースト … 2g
きび砂糖 … 10g
サイリウム (P70参照) … 1g
}

B {
ぬるま湯 (約35℃) … 1乙g
米油 (または太白ごま油) … 10g
}

米油 (または太白ごま油) … 適量
水 … 大さじ2

くるみ生地

基本の生地の材料 (上記参照) … すべて
くるみ (粗く刻み、160℃のオーブンで5〜6分から焼きする) … 25g

具の材料

ニラ (4個分)

ニラ … 30g
キャベツ … 30g
C {
米味噌 … 20g
きび砂糖 … 5g
}
米油 … 6g
かつお節 … 3g

クリームチーズ (4個分)

クリームチーズ … 72g

切り干し大根

(作りやすい分量)
切り干し大根 (乾燥) … 40g
油揚げ (15×7cm) … 1枚
にんじん … 50g
D {
みりん … 大さじ2
薄口しょうゆ … 大さじ1と1/2
}
かつお節 … 6g

きんぴらごぼう

(作りやすい分量)
ごぼう … 150g
にんじん … 80g
米油 … 大さじ1
A {
きび砂糖 … 大さじ1
みりん、酒、しょうゆ … 各大さじ2
}
ごま油 … 小さじ1/2
白ごま … 適量

具の作り方

1. ニラは1cm幅、キャベツはせん切りにする。

2. ボウルに1を入れてCであえ、全体がなじんだら油、かつお節の順に加えて混ぜる。

3. 30分おき、しんなりさせる。

1. クリームチーズは4等分 (18g) にカットしておく。＊クリームチーズは くるみ生地 がおすすめ。

1. 切り干し大根は洗って鍋に入れ、水2と1/2カップ (分量外) でもどす。＊水はそのまま煮汁に。

2. 油揚げは油抜きをして短冊切り、にんじんはせん切りにする。

3. 1の鍋に2とDを加え、中火にかけて煮る。煮汁がなくなったら、かつお節を加えて混ぜる。

1. ごぼうとにんじんは、厚さ2〜3mmほどの斜め薄切りにし、少しずつずらして重ねてせん切りにする。

2. フライパンに油を熱し、1を入れて3分炒める。いったん火を止めてAを加える。

3. ふたをして火にかけて蒸し煮し、ごぼうとにんじんが柔らかくなってきたら、ふたを取って水分を飛ばす。仕上げにごま油を回し入れ、白ごまをふる。

作り方

1.

ボウルにAを入れ、泡立て器で混ぜ合わせる。

2.

Bを合わせて1に入れ、ゴムべらで混ぜる。

3.

まとまってきたら手でこね、ひとまとめにする。

くるみ生地 の場合は、ここで粗く刻んだくるみを混ぜる。

4.

4等分にしてそれぞれ丸めておく。

5.

生地をめん棒で、直径9cmくらいの円形にのばし、中央に好みの具を適量のせる。 きんぴら は具材を細かく切ってからのせる。

6.

具をのせて包み込み、ひだを寄せる。

7.

しっかり生地をつまんで閉じる。底面が平らになるように、形を整えて閉じ目を下にして置いておく。

8.

フライパンに油を薄くひき、7を並べてふたをする。10秒だけ火をつけて、フライパンの中を少し温める。そのまま室温に20分置き、発酵させる。

9.

ふたをしたまま、やや強めの弱火で5〜8分焼く。焼き色がついたら上下を返し、ふたをしたまま弱火にして3〜5分焼く。両面こんがりしたら、水を加えてふたをして、水分がなくなるまで中火で蒸し焼きにする。

Tortilla

混ぜて焼くだけの
かんたんトルティーヤ。
ブリトーやラップサンドに
アレンジできます

トルティーヤとは、メキシコ生まれの薄焼き
パンのこと。作りやすさと風味のよさを両立
させるために、全卵と卵白を15gずつ使うこ
だわりの配合にたどり着きました。2種類の
メニューを楽しんで！

Burrito

メキシコ料理であるブリトーの由来は、スペイン語の"ロバの耳 (Burrito)"から。もちっとしたトルティーヤに、とろ〜りチーズとハムの組み合わせがたまりません。

ブリトー

材料 (3個分)

トルティーヤ

A {
米粉 … 100g
卵白 … 15g
溶き卵 (全卵) … 15g
塩 … ひとつまみ
米油 (または太白ごま油) … 10g
水 … 90g
}

米油 (または太白ごま油) … 適量

具

ハム … 6枚
ピザ用チーズ (またはとろけるタイプの
　スライスチーズ) … 54g (3枚)
トマトケチャップ … 適量
米油 (または太白ごま油) … 適量

道具

・直径26cmのフライパン

作り方

1. トルティーヤを作る。ボウルにAを入れ、泡立て器で混ぜ合わせる。

2. フライパンに薄く油をひき、1の1/3量を流し入れ、スプーンやお玉の背で生地を広げる (Point 1)。

3. 生地を広げたら、強火にかけて2分焼き、上下を返してさらに1分焼く (Point 2)。残りも同様に焼く。

4. 3の上に、ハムを2枚のせる。チーズは1/3量を焼いているときに溶けださないように、中心にのせる。トマトケチャップをのせる。両端を折りたたみ、端から巻いて包む。

5. フライパンに油をひき、弱火〜中火で両面をじっくり焼き、中のチーズに火を通す。

(Point 1)

フライパンの温度が高いと、生地が広がる前に焼けてしまうので、必ず火をつける前に流し入れて広げる。

(Point 2)

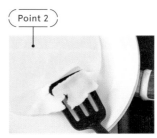

生地はしっかりと火を通すこと。生地の焼きがあまいと、写真のように生地が割れやすくなる。

Wrap sandwich

パリッと香ばしいトルティーヤに、肉や野菜を巻いて食べるラップサンド。ピリ辛のサルサソースをトッピングして、メキシコ風にアレンジしました。

ラップサンド

材料（3個分）

トルティーヤ

A
- 米粉 … 100g
- 卵白 … 15g
- 溶き卵（全卵）… 15g
- 塩 … ひとつまみ
- 米油（または太白ごま油）… 10g
- 水 … 90g

米油（または太白ごま油）… 適量

具

レタス（またはサラダ菜）… 適量

鶏むね肉の唐揚げ（市販品）… 適量

＊グルテンフリーにする場合、
　P98を参照して鶏むね肉で作る。

マヨネーズ … 適量

黒こしょう … 少々

即席サルサソース（右記参照）… 適量

道具

・直径26cmのフライパン

作り方

1. P80「ブリトー」の作り方1〜3を参照し、トルティーヤを作る。

2. 器に1を広げ、具をのせて包む。好みでマヨネーズ、黒こしょう、サルサソースもトッピング。

即席サルサソースの作り方

材料（作りやすい分量）

トマトケチャップ … 大さじ2

ミニトマト（8等分にする）… 6個

玉ねぎ（みじん切り）… 30g

レモン汁 … 5g

塩 … 少々

好みでタバスコ … 少々

作り方

材料をすべて混ぜ合わせる。

Galette

フランス・ブルターニュ地方の郷土料理であるそば粉のガレットを、米粉でアレンジしました。もちもちのガレットは、休日のブランチにもぴったりなおしゃれな一皿です。

ガレット

材料 （直径約20cmの生地4枚分）

生地
卵 … 1個

A
- 米粉 … 50g
- 塩 … 1g
- 無塩バター … 10g
- 牛乳 … 130g

米油 … 適量

具
卵 … 4個

ピザ用チーズ … 100g

塩、粗挽き黒こしょう … 各少々

えび … 160g

アボカド … 1個

ベビーリーフ … 40g

オーロラソース

B
- マヨネーズ … 30g
- トマトケチャップ … 15g

道具

・直径26cmのフライパン

準備

・牛乳と卵は室温に戻す。
・Aのバターは湯せんにかけて溶かす。

作り方

1. 生地を作る。ボウルに卵を割り、よく溶きほぐす。Aを加えてしっかり混ぜる。

2. フライパンを熱して油を薄くひき、1の1/4量をお玉で流し入れ、フライパンを手早く回しながら薄く広げ、中火で焼く。＊生地は焼く前に毎回よく混ぜること。

3. 表面が乾いてきたら、中央に卵を割り入れ、白身に4等分したチーズをのせる。チーズが溶けてきたら四辺を内側に折る（ Point ）。

4. 具を用意する。えびはゆでて殻をむき、縦半分に切る。アボカドは種を取り皮をむき、スライスする。Bを混ぜてオーロラソースを作る。

5. 3を器に盛り、塩、黒こしょうをふる。えびやアボカド、ベビーリーフをバランスよく盛り、オーロラソースをかける。

(Point)

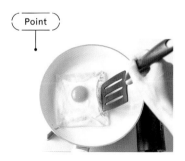

皮に焼き色がついて、生地がパリッとしてきたら折り込む目安。

Cream stew

市販のルーを使わずに米粉で作るホワイトシ
チューは、まろやかなとろみとやさしい味わい
が魅力。小麦粉のようにダマにならないので、
はじめてでも上手に作れます。

ホワイトシチュー

材料 (4人分)

鶏もも肉 … 300g
塩 … 2.5g
こしょう … 少々
にんにく … 2片
じゃがいも … 小3個 (300g)
にんじん … 1本 (160g)
玉ねぎ … 中2個 (300g)
しめじ … 1パック (130g)
ブロッコリー … 1/2株
米油 … 適量
料理酒 … 50ml
A { 米粉 … 40g
　 { 水 … 1カップ
牛乳 … 2カップ
塩 … 小さじ1
こしょう … 少々
バター … 20g

作り方

1. 鶏肉は余分な脂を取り除き、ひと口大に切って塩、こしょうをふる。

2. にんにくはみじん切り、じゃがいもはひと口大、にんじんは小さめの乱切り、玉ねぎは薄切りにし、しめじは石づきを取って食べやすい大きさにほぐす。ブロッコリーは、小房に分けてゆでる。

3. 鍋に薄く油をひき、1を皮目を下にして並べたら火にかける。やや強めの弱火で焼き、鶏肉の下半分が白くなったら上下を返して焼く。鶏肉はいったんとり出す。

4. 3に油大さじ1弱を入れ、にんにくを加えて香りが立ったら、じゃがいも、玉ねぎ、にんじん、しめじを加え、玉ねぎがしんなりするまで炒める。

5. 鶏肉を鍋に戻して、酒を加えてふたをし、じゃがいもとにんじんが柔らかくなるまで弱火で20〜30分蒸し煮する。焦げないように途中で1〜2回様子を見て、木べらで底のほうからそっと上下を返す。

6. Aを混ぜ合わせて、牛乳、塩とともに加え、中火で底から混ぜながら加熱する。沸騰してからさらに3〜4分、底からよく混ぜながらしっかりと火を入れる。バターを加えて全体を混ぜ、塩、こしょうで味をととのえる。

7. 器に盛り、ブロッコリーを添える。

Potato gnocchi

じゃがいもと米粉でもっちもちのニョッキに。

じゃがいものニョッキ＆クリームソース

材料（2〜3人分）

ニョッキ

じゃがいも … 正味300g

塩 … ひとつまみ

A {
米粉 … 100g
卵黄 … 1個分
}

きのことベーコンのクリームソース

しめじ … 1/2パック（70g）

えのき … 1/2パック（70g）

ベーコンスライス … 2枚

米油（または太白ごま油）

　　… 大さじ1弱

にんにく（みじん切り）… 1片分

玉ねぎ（粗みじん切り）

　　… 中1/2個分（70g）

B {
生クリーム … 50g
牛乳 … 150g
塩 … 小さじ1/3
}

米粉、水 … 各小さじ1

粗挽き黒こしょう … 適量

作り方

1. じゃがいもは皮をむいて適当な大きさに切り、鍋に入れ、ひたひたの水を入れて中火にかける。煮立ったら強めの弱火にし、竹串がスーっと通るまで10〜15分ゆでる。柔らかくなったら、湯を捨てる。

2. 1に塩を入れて中火にかけ、鍋を前後に揺すりながら水分を飛ばし、粉ふきにする。ボウルに入れて、熱いうちにマッシャーかフォークでつぶす。

3. 粗熱が取れたら、Aを加えて混ぜ、手でひとまとめにする。

4. 3を台の上に取り出し、転がしながら直径2.5cmの棒状にのばし、端から1cm幅に切る。形を整えたら、フォークの背を押しつけて表面に凸凹をつける。

5. 鍋に湯を沸かし、4をゆでる。浮き上がってきたらすぐにざるに取り、水気をきる。

6. ソースを作る。しめじは根元を切り落とし、食べやすい大きさにほぐす。えのきは根元を切り落とし、食べやすい長さに切る。ベーコンは1cm幅に切る。

7. フライパンに油とにんにくを入れて弱火にかけ、にんにくの香りが立ったら、玉ねぎと6を加えて炒める。玉ねぎがしんなりしてきたら、Bを加えて約1分煮る。一度火を止め、米粉と水を混ぜ合わせた水溶き米粉を加え、再び火にかけて混ぜながらとろみをつける。必要であれば、塩（分量外）で味をととのえる。5を加えてソースをからめる。

8. 器に盛り、黒こしょうをふる。

Pumpkin gnocchi

かぼちゃの甘みとしらすの塩味がベストマッチ！

かぼちゃのニョッキ＆
しらすソース

材料（2〜3人分）

ニョッキ

かぼちゃ（皮つき）… 300g

塩 … ひとつまみ

A｛ 米粉 … 100g
卵黄 … 1個分

しらすのソース

オリーブオイル … 大さじ2

にんにく（みじん切り）… 1片分

しらす … 50g

A｛ 酒 … 大さじ2
水 … 大さじ2
薄口しょうゆ … 小さじ2

大葉 … 2枚

作り方

1. かぼちゃは皮ごとよく洗い、適当な大きさに切り、鍋に入れ、ひたひたの水を加えて中火にかける。煮立ったら強めの弱火にし、竹串がスーっと通るまで10〜15分ゆでる。柔らかくなったら、湯を捨てる。

2. 1に塩を入れて中火にかけ、鍋を前後に揺すりながら水分を飛ばし、粉ふきにする。ボウルに入れて、熱いうちにマッシャーかフォークでつぶす。

3. 粗熱が取れたらAを加えて手でひとまとめにする。＊かぼちゃの水分量によって生地の状態が変わるので、生地がやわらかいときは、米粉（分量外）を、かたいときは卵黄（分量外）を加えて、耳たぶくらいのかたさにする。

4. 3を台の上に取り出し、転がしながら直径2.5cmの棒状にのばし、端から1cm幅に切る。形を整えたら、フォークの背を押しつけて表面に凸凹をつける。

5. 鍋に湯を沸かし、4をゆでる。浮き上がってきたらすぐにざるに取り、水気をきる。

6. ソースを作る。フライパンにオリーブオイルとにんにくを入れて弱火にかけ、にんにくの香りが立ったら、しらすとAを加えて中火で炒める。5を加えてソースをからめ、器に盛る。粗みじん切りにした大葉を散らす。

Quiche

米粉で作るタルト生地は、驚きのサクサク食感に感動すること間違いなし！　具だくさんで彩り鮮やかなキッシュは、おもてなしにもぴったりです。

鮭とほうれん草のキッシュ

材料 (直径15cmのキッシュ型1台分)

タルト生地

　無塩バター … 50g

　塩 … ひとつまみ

　溶き卵 … 28g

　米粉 … 100g

　仕上げの溶き卵 … 適量

具

　玉ねぎ … 1/4個 (約60g)

　えのき、しめじ　合わせて60g

　米油 … 適量

　塩、こしょう … 各少々

　塩鮭 (甘塩) の切り身 … 1切れ

　ほうれん草 (または小松菜) … 1株

　塩 … 少々

　ピザ用チーズ … 20g

アパレイユ

　米味噌 (または好みの味噌) … 7g

　牛乳 … 50g

　生クリーム … 50g

　溶き卵 … 50g

道具

・直径15×高さ4cmの底が取れるキッシュ型

・タルトストーン

　(ない場合は、重しの生米1.5合で代用可)

☑ 道具メモ

タルトストーン

タルト生地をから焼きするときに、生地が浮かないようにのせるアルミ製の重し。ない場合は、生米で代用できます。生米を使ったあとのリメイクレシピ (P111) もご参考に。

準備

・バターを室温に戻す。

・型にバター (分量外) を塗り、冷凍庫で冷やしてバターを固めておく（ Point ）。

・オーブンは、タルト台は210℃に、キッシュは220℃に予熱する。

作り方

1. P90を参照し、タルト生地を作る。

2. 具を作る。玉ねぎときのこ類は、粗みじんに切る。

3. フライパンに油を薄くひき、2を入れて塩、こしょうをふり、しんなりするまで炒める。

4. 鮭はグリルなどで焼き、骨と皮を除いて身をほぐし、40〜50gを3と合わせておく。

5. ほうれん草は塩を入れた熱湯でさっとゆで、水気を絞って3cm幅に切る。4とチーズを加え混ぜ合わせておく。

6. ボウルにアパレイユの材料をすべて入れ、よく混ぜる。

7. 焼いたタルト台に、5をのせて、6を注ぎ、220℃に予熱したオーブンに入れ、20〜25分焼く。

8. オーブンから取り出して網にのせ、粗熱を取る。粗熱が取れたら型から外す。

(Point)

バターは底と側面に塗る。

タルトの作り方

1.

ボウルにバターと塩を入れ、ゴムべらでほぐす。

2.

卵を4回に分けて加え、その都度しっかり混ぜる。

3.

米粉を加え、ゴムべらで押しては底からすくい、よく混ぜ合わせる。

4.

粉っぽさがなくなってきたら、両手で生地をにぎるようにして、生地をひとまとめにする。

5.

冷やしておいた型に生地を入れ、指で押しのばしながら生地を敷き込む。底面は、コップの底などを当てて、均一な厚さにする。

6.

穴や割れがあったら、端の生地を少しちぎってあて、指でなじませて補修する。冷凍庫で10分以上冷やす。

7.

タルトストーン　　生米

表面がしっかり固まったら、オーブンシートを敷き、タルトストーンか重しの生米をのせる。210℃に予熱したオーブンで20分焼く。

8.

取り出して、重しを取る。ハケで溶き卵を塗り、さらに5分焼く。

9.

焼き上がったら取り出す。ヒビ割れている部分があったら、具材の分量にあるピザ用チーズを貼りつけ、補修する。

バター風味、
ヘルシー生地、
スフレの3種類の
パンケーキが作れます

パンケーキ

Pancake

『米粉』で作るパンケーキは、ほっとするよう
なお米のやさしい甘さが魅力です。もっちり、
ふわふわ、甘い系、食事系など食感や味のバ
リエも楽しめて、軽食やおやつに大活躍！

バター香るパンケーキ

材料 (直径7cmのもの約14枚分)

A {
  バター … 30g
  牛乳 … 50g
  卵 … 1個
  はちみつ … 10g
}
米粉 … 120g
きび砂糖 … 35g
ベーキングパウダー … 6g
米油 … 適量
バター … 適量
メープルシロップ … 適量

準備

・容器にAのバターと牛乳を入れ、
  湯せんでバターを溶かす。

作り方

1. ボウルにAを入れ、泡立て器で混ぜる。

2. 1に米粉と砂糖を加え、粉っぽさがなくなるまで混ぜる。最後にベーキングパウダーを加えて混ぜる。

3. フライパンを熱して油を薄くなじませる。2を大さじ1杯くらい流し入れ、ふたをして弱火で焼く。表面にプツプツ穴があいてきたらひっくり返し、さらに1～2分焼く。残りも同様に焼く。

4. 器に盛り、バターをのせてメープルシロップを添える。

Butter flavored pancake

材料を混ぜてフライパンで焼くだけで完成！

ヘルシーパンケーキ

材料 (直径約7cmのもの約15枚分)

卵 … 1個
きび砂糖 … 35g
塩 … 少々
プレーンヨーグルト … 20g
牛乳 … 70g
米粉 … 140g
ベーキングパウダー … 6g
米油 … 適量
トッピング
　ベビーリーフ、ミニトマト、
　　ベーコン … 各適量

作り方

1. ボウルに卵を入れ、泡立て器で溶きほぐす。砂糖と塩を加えて混ぜ合わせる。ヨーグルト、牛乳の順に加えて混ぜ合わせる。米粉を加えて混ぜる。最後にベーキングパウダーを加え、粉っぽさがなくなるまで混ぜ合わせる。

2. フライパンを熱して油を薄くなじませる。1を大さじ1杯くらい流し入れ、ふたをして弱火で焼く。表面にプツプツ穴があいてきたらひっくり返し、さらに1〜2分焼く。残りも同様に焼く。

3. トッピングを用意する。ミニトマトは縦半分に切る。ベーコンはフライパンでこんがり焼く。

4. 器にベビーリーフを盛り、2をのせ、トマトとベーコンを好みの分量のせる。

Healthy pancake

甘さひかえめのヘルシー生地なので、ベーコンや野菜を添えて軽食にどうぞ。

Soufflé pancake

何度も試作を繰り返してたどりついた極上の
ふわふわ感は、専門店顔負けの仕上がり！
口に入れるとふんわりとろける幸せな食感
は、感動モノです。

スフレパンケーキ

材料 (直径7cmのもの約6枚)

A
- 卵黄 … 1個分
- 牛乳 … 15g
- 米油 (または太白ごま油) … 10g
- 米粉 … 25g

卵白 … 2個分
きび砂糖 … 18g
レモン汁 … 2g
米油 … 適量

準備

・卵白はボウルに入れて冷蔵庫で
　よく冷やしておく。

作り方

1. ボウルにAを入れ、泡立て器で混ぜ合わせる。

2. 冷蔵庫でよく冷やしておいた卵白を、ハンドミキサーで軽く泡立てる。砂糖の半量とレモン汁を加え、ハンドミキサーの高速で泡立てる。 残りの砂糖を加えてさらに泡立て、メレンゲを作る(Point 1)。しっかりとしたメレンゲができたら、ハンドミキサーを低速にし、20秒ほどゆっくりと混ぜてきめを整える。

3. 1に2を加え、ゴムべらで底からすくい上げるようにしてさっくりと混ぜ合わせる(Point 2)。

4. フライパンに薄く油をなじませ、3を大さじ2すくって丸くのせる。火が通りやすいように、スプーンの背で表面をならし、やや高さを抑える。＊生地が膨らみにくくなるので、すぐに焼くこと。

5. 弱火にかけ、ふたをして3〜6分焼いたらひっくり返す。再びふたをし、弱火で3〜4分焼く。

6. 器に盛る。

Point 1

持ち上げると、ピンとツノが立ったメレンゲができていればOK。

Point 2

メレンゲの泡をつぶさないように、なるべく少ない回数で手早く混ぜ合わせること。

Sake kasu chiffon salé

ふわっふわの軽やかな生地に、ふくよかな酒粕の旨み
とコク、ほんのりガーリックが香る塩味のケーキです。
冷えた白ワインといただきたくなる大人の味わいは、持
ち寄りにもぴったり！

酒粕のシフォンサレ

材料 (直径5.5cmのマフィンカップ10個分)

酒粕 (板) … 65g
熱湯 … 65g
卵黄 … 4個分
きび砂糖 … 20g
塩 … 4g
米油 … 40g
米粉 … 80g
卵白 … 4個分
きび砂糖 … 20g
酢 … 4g
ガーリックパウダー、粗挽き黒こしょう … 各適量

☑ 材料メモ

酒粕 (板)

日本酒を絞ったあとに残る固
形物のことで、板状の固い板
粕や柔らかめのバラ粕があり
ます。炭水化物やタンパク質、ビタミンなどの
栄養素が豊富で、甘酒や粕汁などの料理やお
菓子作りに重宝します。

道具

・直径5.5×高さ5cmのマフィンカップ

☑ 道具メモ

マフィンカップ

耐熱性の紙製のマフィンカッ
プ。さまざまなデザインがあり、
必要に合わせて数量やサイズを
自由に選べるのも魅力。焼き上がったあとも
型から外す必要がないので、そのままプレゼン
トにもおすすめです。

準備

・卵白はボウルに入れて冷蔵庫で冷やしておく。
・オーブンは170℃に予熱する。

作り方

1. 容器に酒粕と熱湯を入れて5分くらいおき、ふやけて
   きたらハンドブレンダーやミキサーでペースト状にする
   (Point)。

2. ボウルに卵黄を入れて泡立て器でほぐし、砂糖と塩を
   入れてよく混ぜる。1 (120g分)、油、米粉を順に加えて混
   ぜる。

3. 冷やしておいた卵白をハンドミキサーで軽く泡立てる。
   砂糖と酢を入れ、ハンドミキサーの高速で、ピンとツノが
   立つメレンゲを作る (P95 (Point 1) 参照)。ハンドミキサー
   を低速にして20秒ほどゆっくりと混ぜ、きめを整える。

4. 2のボウルに3のメレンゲの1/3量を加え、泡立て器でダ
   マがなくなるようにしっかり混ぜる。残りのメレンゲを2
   回に分けて加え、その都度泡をつぶさないよう、さっくり
   と混ぜる。最後は、ゴムべらで底からすくい上げるように
   して混ぜ合わせる。

5. 4を型の八分目まで流し入れる。型を軽く持ち上げて3
   回ほど台に落とし、余計な空気を抜く。ガーリックパウ
   ダーと黒こしょうを表面にふる。

6. 天板にのせ、170℃のオーブンで20〜25分焼く。

(Point)

板状の酒粕は固いので、なめらかなペー
スト状にして使う。酒粕ペーストはレシピ
の分量だと130gができるが、必要な分
量は120g。容器などにくっついてロスが
出るので、多めの分量で作るとよい。

唐揚げ

材料 (4人分)

鶏もも肉 (または鶏むね肉) … 500g

A {
　塩 … 5g
　ガーリックパウダー … 2.5g
　ジンジャーパウダー … 1.2g
　こしょう … 少々
}

酒 … 15g

米粉 … 50g

揚げ油 … 適量

作り方

1. 鶏肉は余分な脂を除き、ひと口大に切る。ボウルに入れ、Aを合わせて全体にまぶし、酒をもみ込む。

2. 米粉を全体にまぶす (Point)。

3. 鍋に揚げ油を熱し、170℃〜180℃でこんがり揚げて油をきる。

(Point)

Fried chicken

定番おかずの唐揚げも、米粉の衣ならテクニック不要でカラリと揚げられます。漬け込み時間ゼロで極上唐揚げができ上がるのもうれしい。

鶏肉の表面に米粉をしっかりまぶす。粉っぽさが残らないように、手でよくもみこむ。

フライドポテト

材料 (3〜4人分)

じゃがいも … 400g

A
- 塩 … 2g
- ガーリックパウダー[*1] … 2g
- ジンジャーパウダー[*2] … 1g
- こしょう … 少々

米粉 … 40g

揚げ油 … 適量

*1 ない場合は、すりおろしたにんにく
　 小さじ1/2弱で代用可。

*2 ない場合は、すりおろしたしょうが
　 小さじ1/5で代用可。

作り方

1. じゃがいもは皮をむき、約8mm角の棒状に切る。ボウルに入れ、Aを合わせて全体にまぶす。

2. 全体がしんなりしてきたら、米粉を粉っぽさが残らないように全体にまぶす。

3. 鍋に揚げ油を熱し、160℃〜170℃でこんがり揚げて油をきる。

4. 好みで塩 (分量外) をふる。

French fries

米粉の衣をまとわせて揚げたポテトは、時間が経ってもカリカリのまま！やみつきになるガーリックジンジャー風味で、おつまみにもぴったりの味わいです。

Corn dog

外はカリッと中はふんわり、甘めの衣に包まれ
たソーセージ入りのアメリカンドッグは、子ども
に大人気！ ころんとしたフォルムのミニサイズ
だから、おやつやお弁当にもおすすめ。

アメリカンドッグ

材料 (長さ5cmのもの12本分)

ウインナーソーセージ … 6本

A
- 卵 … 1個
- きび砂糖 … 22g
- 牛乳 … 22g
- バニラエキストラクト … 小さじ1/4
  ＊バニラオイルを数滴でもよい。

米粉 … 90g

ベーキングパウダー … 2g

揚げ油 … 適量

トマトケチャップ … 適量

作り方

1. ウインナーソーセージは長さを半分に切り、爪楊枝を刺す（ Point ）。

2. ボウルにAを入れ、泡立て器で混ぜ合わせる。米粉を加えて混ぜたら、ベーキングパウダーを加えて混ぜ合わせる。

3. 1は爪楊枝を持って、2にくぐらせて衣を均一につける。

4. 鍋に揚げ油を入れ、170℃〜180℃で3を揚げる。表面がかたまってきたら、菜箸などでコロコロと転がしながら、きつね色になるまで揚げる。

5. 器に盛り、トマトケチャップを添える。

保存

・1本ずつラップで包み、冷凍可能な保存袋に入れて
　冷凍すれば、2週間ほど保存可能。
・解凍は凍ったまま、オーブントースター、オーブン、
　魚焼きグリル等でできます。
・温めている途中に爪楊枝が焦げることがあるので、
　あらかじめアルミホイルを巻いて加熱するか、加熱後に
　爪楊枝を新しいものに替えるなどの必要があります。
・冷凍保存は2週間を目安に早めに消費するようにしましょう。

Point

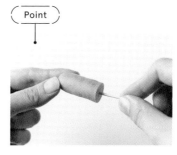

ウインナーソーセージの切り口に、爪楊枝を3cmくらい刺す。

Pizza Margherita
Teriyaki Chicken Pizza

発酵もこねも不要。クリスピーなローマ風の本格ピザを
驚きの方法で再現しました。定番のマルゲリータと照り
焼きチキンピザをご紹介します。

ピザ

マルゲリータ・照り焼きチキン

ピザ生地

材料（直径18〜19cmのもの3枚分）

ピザ生地

卵 … 1個

きび砂糖 … 7g

塩 … ひとつまみ

米粉 … 100g

水 … 85g

米油 … 適量

準備

・オーブンに天板を逆さにして入れ、250℃に予熱する。

作り方

1. ボウルに卵を割り入れてほぐし、砂糖と塩を加えて泡立て器で混ぜ合わせる。米粉と水を加え、粉っぽさがなくなるまで混ぜ合わせる。

2. フライパンに薄く油をひき、弱めの中火にかける。お玉で生地を流し入れ、お玉の背で生地を直径18〜19cmに丸く広げる（Point 1）。表面が乾いたら上下を返して裏面を焼き、器に取り出す。

3. 逆さにした天板に2をのせ、250℃のオーブンで4〜5分焼く（Point 2）。ピザ生地の完成。

4. 好みの具材をのせて250℃のオーブンで4〜5分焼く（マルゲリータと照り焼きチキンの作り方はP104参照）。生地のできあがり。

Point 1

フライパンを回すようにして生地を広げるときれいに広げるのが難しいので、お玉の背で広げるのがおすすめ。フライパンの温度が高すぎるのも、うまく生地が広がらないので注意。

Point 2

天板はひっくり返して平らな面にピザ生地をのせると、出し入れがスムーズにできる。

マルゲリータ

材料 (ピザ生地3枚分)

ピザ生地 (P103 参照) … 3枚
トマトソース (作りやすい分量)
にんにく … 2〜3片
バジルの葉 … 大3枚 (小なら6枚)
オリーブオイル … 大さじ2弱
トマトの水煮缶 … 1缶 (400g)
塩 … 小さじ1
好みでメープルシロップ … 大さじ1弱
ピザ用チーズ … 適量
バジルの葉 … 適量

準備

・オーブンは250℃に予熱する。

作り方

1. トマトソースを作る。にんにくは薄皮をむいて縦半分に切り、包丁の腹でつぶす。

2. バジルは細かく刻む。

3. 鍋にオリーブオイルと1を入れ、弱火で炒めて香りが立ったら、トマトの水煮をつぶしながら汁ごと加える。2と塩を加え、ときどき混ぜながらにんにくをつぶし、中火で煮詰める。水分がほぼなくなり、ペーストに近い状態になれば完成。＊酸味を少しまろやかにしたい場合は、最後にメープルシロップを加えて味を調整する。

4. ピザ生地に3のトマトソース適量をスプーンなどで塗り、チーズをのせ、250℃のオーブンで4〜5分焼く。焼き上がったら、ちぎったバジルを散らす。

照り焼きチキン

材料 (ピザ生地2枚分)

ピザ生地 (P103 参照) … 2枚
にんにく … 1片
玉ねぎ … 50g
鶏もも肉 … 100g
米油 … 小さじ2
A { しょうゆ … 大さじ1と1/2
みりん … 大さじ2
きび砂糖 … 小さじ2
ピザ用チーズ … 適量
コーン缶 … 適量
マヨネーズ … 適量
刻み海苔 … 適量

準備

・オーブンは250℃に予熱する。

作り方

1. にんにくはみじん切り、玉ねぎは薄切り、鶏肉は2cm角に切る。

2. フライパンににんにくと油を入れて弱火にかけ、香りが立ったら玉ねぎと鶏肉を加える。中火からやや強めの中火で炒め、鶏肉に火が通ったらAを入れ、煮汁が半分くらいになるまで煮る。

3. 煮汁と具材に分ける (Point)。

4. ピザ生地に3の煮汁をスプーンなどで塗り、チーズ、3の具材、コーンをバランスよくのせる。マヨネーズを細く絞り、250℃のオーブンで4〜5分焼く。焼き上がったら、刻み海苔を散らす。

(Point)

煮汁はピザ生地のソースとして使う。

Column

こだわりレシピのもと

米粉で"本格的レシピ"を叶えてくれる便利な材料と、
私がおすすめしたいお米からできている調味料を紹介します。

米粉のレシピに便利な「サイリウム」と「タピオカ粉」

米粉にグルテンがないことで、よいことがたくさんあるのですが、唯一のデメリットが"のびにくい"ことです。例えばうどんを米粉だけで作ると、グルテンがないため生地のつながりが弱く、のびにくい上にプチプチと切れてしまううどんになってしまいます。そこで、便利な材料が「サイリウム」。米粉にプラスすると、小麦粉で作るときのように生地をのばすことができるようになります。聞きなじみのない方も多いと思いますが、オオバコ科のプランタゴ・オバタという植物の種子の外皮を粉末にしたもので、食物繊維が豊富なスーパーフードでもあるので、安心な材料です。

また、米粉は元々もちもちしやすい粉ですが、同時に歯切れがよいのも特徴です。米粉でもう少し弾力のあるもっちり感を出すためには、「タピオカ粉」をプラスすることで叶います。

米粉のおいしさを保ちつつ、グルテンフリーでも本格的なレシピにするひと工夫です。

サイリウムは小麦粉や片栗粉の代用やわらび餅風のお菓子作りにも使われます。水を加えると上の写真のようなゼリー状になります。このゼリー状になる性質で米粉どうしをつなげ、のびやすく切れにくくしてくれます。

使用したレシピ
P68「うどん&カラフルうどん」
P72「餃子」「カラフル餃子」
P76「おやき」

タピオカ粉は台湾の飲み物「タピオカ」で知名度があがったので、ご存じの方も多いと思いますが、キャッサバという芋のでんぷんの粉です。これを米粉にプラスすることで、弾力のあるもっちり食感が生まれます。

使用したレシピ
P17「もっちリングドーナツ」
P68「うどん&カラフルうどん」
P72「餃子」「カラフル餃子」
P74「ごま豆腐」「ピーナツ豆腐」

お米を使ったいろいろな調味料

私は調味料にもお米が原料のものをよく使い、この本のレシピにも登場します。レシピの油は香りにクセのない米油か太白ごま油をおすすめしています（サラダ油でも作れます）。お酢も、一般的な穀物酢でもよいのですが、米酢のほうがお米特有の甘味やまろやかさが出るのでおすすめします。お米からできた調味料、ぜひ試してみてください。

a 米油

玄米を精米してできる米ぬかから生まれた植物油。風味に癖がなく、酸化しにくいので使いやすいです。

b 米酢

米の使用量が、酢1ℓにつき40g以上の醸造酢のこと。お米特有の甘みや旨味があり、まろやかな酸味が特徴です。

c 本みりん

蒸したもち米、米麹、焼酎または醸造アルコールを原料とし、まろやかで上品な甘みがあります。

d 料理酒

米、米麹、食塩などを原料とし、料理に特化した醸造調味料。料理にコクや風味を与えてくれます。

e 米味噌

大豆に「米麹」、塩を加えて、6カ月前後の熟成期間をかけて作られます。麹の種類が"米"なのです。

材料

この本で使われている基本的な材料について、特徴や選び方などをまとめました。

粉類 ▶▶

米粉

この本のレシピは、共立食品「米の粉」で作ること前提に考えられています。P8の米粉についても参照してください。

粉類 ▶▶

サイリウム

オオバコ属の植物の種子の外皮を粉末にしたもの。水に溶かすとゼリー状になり、米粉のつなぎに使用します。

タピオカ粉

キャッサバと呼ばれる芋の根茎から採取したでんぷん。もっちりとした食感を生かしたい料理におすすめです。

アーモンドプードル

アーモンドを粉末状にしたもので、生地にアーモンドの風味やコクが加わります。

砂糖・塩 ▶▶

きび砂糖

さとうきびの風味を生かした完全に精製されていない砂糖。コクのある甘さに仕上がります。他の砂糖でも代用できますが、粒が大きいものは溶けにくいです。

粉砂糖

グラニュー糖をパウダー状にしたもの。味にクセがなくふんわりした口当たりなので、繊細な味が楽しめます。ケーキなどにふりかけると上品な仕上がりに。

塩

この本では、ゲランドの塩などの天然塩を使用。ミネラル分が豊富で、まろやかな味が特徴です。

油脂 ▶▶

無塩バター

良質な牛乳を使用した風味のよいバターがおすすめ。お菓子作りには、食塩不使用タイプが向いています。

米油

米ぬかから作られた、癖や独特の風味がないサラッとしたオイル。料理やお菓子作りの油脂として使いやすく、素材の味を邪魔しません。

ココナッツオイル

ココナッツから抽出される植物油。酸化しにくく、中性脂肪になりにくい特徴があります。無香タイプがおすすめです。

乳製品・豆乳・卵 ▶▶

生クリーム

牛乳から取り出した脂肪分でできたクリーム。さまざまな乳脂肪分のものがある。P60では乳脂肪分40%前後を、ほかは35%前後を使用。

プレーンヨーグルト

無糖のものを使用。ホエー（乳清）と呼ばれる水分が分離している場合は、よく混ぜてから使います。

無調整豆乳

糖類が入っていない大豆をつぶして絞っただけのシンプルな豆乳なので、お菓子作りに使いやすいです。

乳製品・豆乳・卵 ▶▶

卵

この本では1個Mサイズ（約50g）のものを使用。卵黄だけ使った場合、卵白は冷凍保存することもできます。

バニラ類 ▶▶

バニラビーンズペースト

バニラの実を発酵させて作るバニラビーンズの香りを抽出し、種を加えて使いやすいペースト状に加工したもの。バニラビーンズに比べて安価ですが、甘い香りや見た目は本格的。

バニラエクストラクト

バニラビーンズやバニラのさやをアルコールに漬け込み、香りを抽出したアルコール液のこと。バニラの濃厚な甘い香りがしっかり楽しめます。

その他 ▶▶

ベーキングパウダー

生地を膨らませるために使う、重曹が主成分の膨張剤。アルミニウム（みょうばん）フリーのものがおすすめです。

抹茶パウダー

製菓用のものは、粒子が細かくて混ざりやすく、焼き菓子、生菓子ともに使えます。

粉寒天

天草などの海藻を煮て作った粘液質を凍結後、脱水乾燥させて粉末にしたもの。常温で固まる性質があります。

その他 ▶▶

インスタントドライイースト

イースト菌を熱処理して顆粒にしたもの。生地を発酵させたり、風味づけのために使用。

スパイス類 ▶▶

シナモンパウダー

独特のほのかな甘い風味と辛味が特徴のスパイス。

ジンジャーパウダー／ガーリックパウダー

生のしょうがまたはにんにくを乾燥させて粉末状にしたもの。使い勝手がよい。

道具

この本のお菓子や料理を作るために必要な道具を、特徴や選び方とともに紹介します。

混ぜる ▶▶

ボウル

深さがあるタイプで、大小サイズ違いでそろえておくと便利。

泡立て器

材料を混ぜ合わせたり、空気をふくませながら撹拌するときに使います。ワイヤーの数が多めの製菓用のものが混ぜやすくておすすめ。

ゴムべら

生地やクリームを混ぜたり、ボウルから生地をきれいに取り出すときに必要です。持ち手と一体型になったシリコン製タイプが衛生的。230℃までの熱に耐えられる耐熱性のものを用意します。

混ぜる ▶▶

ハンドミキサー

電動式の泡立て器。時間がかかるメレンゲ作りなどもスピーディに完成します。低速・中速・高速と3段階以上の速度調節ができるものが便利です。

カード

スクレーパーやドレッジとも呼ばれます。生地をきれいにすくい取る、混ぜる、切り分ける、ならす、まとめるなどさまざまな作業に使えます。

塗る ▶▶

ハケ

ケーキにシロップを塗ったり、タルト生地に溶き卵を塗るときに使います。シリコン製のものがお手入れもラク。

はかる ▶▶

はかり

0.1g単位で正確に計量できるデジタル式が便利です。容器の重さを差し引くことができるので、材料をボウルの中に入れながら計量することもできます。

定規

生地の厚みや長さをはかるときに使います。お菓子作りに1本あると便利。

のばす ▶▶

めん棒

生地をのばすときに使用。

型 ▶▶

丸型

スポンジケーキやチーズケーキなどに使います。この本では直径15cmの底が取れるタイプを使用。

シフォンケーキ型

シフォンケーキ専用の焼き型。熱伝導のいいアルミ製がおすすめです。この本では直径17cmのものを使用。

パウンド型

パウンドケーキのほか、テリーヌやパンなどにも使える活用度が高い型です。

型 ▶▶

タルト型

高さが4cmくらいの深型タイプのタルト型。クリームや卵液をたっぷり楽しみたいキッシュやタルトにおすすめです。

プリン型

プリンやゼリーのほか、この本ではエッグタルトのタルト生地を作る型に使用。

抜き型

この本では、餃子の皮を丸く抜くときに使用。これは丸型と花型が一体になっていますが、単体の丸型で大丈夫です。

その他 ▶▶

ルーラー

生地やスポンジケーキを均一な厚みにのばしたり、スライスするときに使います。初心者でも均一な厚みにすることができるので、見た目や焼き上がりも本格的に。さまざまな厚みがあるので、用途に合わせて用意します。

茶こし

少量のものをふるったり、こしたり、仕上げに粉砂糖などをふるときに使います。

網

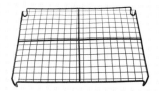

焼き上がったお菓子を冷ますための道具。スクエアタイプや丸型などがあるので、好みで選んでください。

その他 ▶▶

口金

クリームや生地を絞り出すときに使います。星型や丸型など、いろいろな種類があるので用途に合わせて選びましょう。

米粉 Q & A

米粉の使い方や気をつけること、保存方法など、
米粉にまつわるさまざまな疑問にお答えします

Q1

米粉を使うのは初めてなのですが、

使いこなせますか？

米粉＝難しそうというイメージがあるかもしれませんが、大丈夫です。むしろ、小麦粉を使ったお菓子よりも手軽だと思います。小麦粉の場合、水分と混ぜるとグルテンが出るので、混ぜるのにもテクニックが必要ですが、米粉ならその心配がないので、ぐるぐる混ぜても大丈夫です。さらに、ダマになりにくいのでふるわなくていいのもラクチン。初心者の方にもお菓子作りに親しんでいる方にも、扱いやすい素材です。

Q2

お菓子作り自体が初めてなのですが、

最初に作るなら
どれがおすすめですか？

混ぜるだけで簡単にできて、おいしくて、初心者の方でも上手に作れるレシピなら、スコーン（P20）でしょうか。フォロワーさんからも「こんなにおいしいスコーンは初めて！」と好評です。理想の味を出すために、2〜3年試行錯誤して完成させた自慢のレシピなので、まずはスコーンからお試しいただくのがいいかもしれません。上手に作られたら自信もつくと思うので、ほかのメニューにも挑戦してみてくださいね。

Q3

家にある米粉が、推奨されている
メーカーのものではありませんでした。

活用方法はありますか？

揚げ物の衣やとろみづけに使うのなら、他のメーカーの米粉でも大丈夫です。ホワイトシチュー（P84）、唐揚げ（P98）、ノライドポテト（P99）などに使ってみてください。

Q4

パウンドケーキにベーキングパウダーが
入っていませんが、

ちゃんと膨らみますか？

バターにしっかり空気を含ませて、卵を分離させないように丁寧に混ぜれば、ベーキングパウダーに頼らなくてもしっかり膨らみますし、食感もよくなります。

Q5

米粉の保存方法について
教えてください。

湿度に弱いため、開封後は袋内の空気を抜いてしっかりと閉じ、直射日光の当たらない冷暗所で保管してください。開封後はできるだけ早めに使いきりましょう。

Q6

キッシュのタルト生地（P88）の重しに使ったお米を捨ててしまうのはもったいないので、

何か活用方法はありますか？

高温で焼いているので、リゾットにするのがおすすめです。ほんのり甘くて、コンソメを使わなくても味に深みが出る「カレー味のリゾット」のレシピを紹介します。

カレー味のリゾット

材料 (作りやすい分量)

重しに使った生米 … 1.5合
鶏ももひき肉 … 150g

A {
玉ねぎ … 1/2個 (100g)
にんじん … 1/2本 (50g)
きのこ類 … 100g
ピーマン … 1個
しょうが … 10g
にんにく … 2片
}

米油 … 大さじ2

B {
しょうゆ … 大さじ1
トマトケチャップ … 大さじ1
メープルシロップ … 大さじ1弱
カレー粉 … 小さじ2
}

熱湯 … 700㎖
塩 … 3g (好みで調整)

作り方

1. Aはすべてみじん切りにする。

2. フライパンに油を入れて弱火で熱し、しょうがとにんにくを炒める。香りが立ったら、鶏肉、残りの野菜を加え、玉ねぎがしんなりするまで炒める。米を加え、半透明になるまで約5分炒める。

3. Bと熱湯200㎖を加え、弱火〜弱めの中火でときどき混ぜながら煮る。水分が少なくなってきたら、その都度熱湯100〜200㎖を加えて13〜15分煮ていく。塩で味をととのえる。

Profile

鈴鹿梅子 (すずか うめこ)

管理栄養士／原因不明の体調不良をグルテ
ンフリー生活で克服。
その時に小麦の代替品として米粉と出会い
お米の素晴らしさに気がつく。
2018年、『米粉』をもっと広めたいという
思いから「米粉のレシピ帖」を立ち上げ、
Instagramやブログなどで、とっておきの米
粉レシピの発信をするとともに、メーカーへ
のレシピ提供をしている。

Instagram　@umekomeko
ブログ　　　https://komekorecipe.com
YouTube　　https://www.youtube.com/@umekomeko

スイーツも料理も。
グルテンフリーでおいしいを叶える
米粉のレシピ帖

2023年3月2日　初版発行

著者　　　鈴鹿 梅子
発行者　　山下 直久

発行　　　株式会社KADOKAWA
　　　　　〒102-8177
　　　　　東京都千代田区富士見2-13-3
　　　　　電話　0570-002-301(ナビダイヤル)

印刷所　　凸版印刷株式会社

米粉提供
共立食品株式会社
https://www.kyoritsu-foods.co.jp/

材料提供
株式会社富澤商店
https://tomiz.com/